本书的出版受到湖北省人文社科重点研究基地“中南财经政法大学注册会计师行业发展研究中心”项目资助。

审计全覆盖背景下政府购买审计服务研究

徐会超　著

中国财经出版传媒集团
中国财政经济出版社

图书在版编目（CIP）数据

审计全覆盖背景下政府购买审计服务研究 / 徐会超著. --北京：中国财政经济出版社，2021. 7
ISBN 978 -7 -5223 -0611 -7

Ⅰ. ①审… Ⅱ. ①徐… Ⅲ. ①政府采购制度－政府审计－研究－中国 Ⅳ. ①F239. 44 ②F812. 2

中国版本图书馆 CIP 数据核字（2021）第 118327 号

责任编辑：武志庆　　　　责任校对：张　凡
封面设计：智点创意　　　　责任印制：党　辉

审计全覆盖背景下政府购买审计服务研究
SHENJI QUANFUGAI BEIJING XIA ZHENGFU GOUMAI SHENJI FUWU YANJIU

中国财政经济出版社 出版
URL：http：//www. cfeph. cn
E－mail：cfeph@ cfeph. cn

社址：北京市海淀区阜成路甲 28 号　邮政编码：100142
营销中心电话：010－88191522
天猫网店：中国财政经济出版社旗舰店
网址：https：//zgczjjcbs. tmall. com
北京财经印刷厂印刷　各地新华书店经销
成品尺寸：148mm×210mm　32 开　5. 875 印张　150 000 字
2021 年 7 月第 1 版　2021 年 7 月北京第 1 次印刷
定价：28. 00 元
ISBN 978 －7 －5223 －0611 －7
（图书出现印装问题，本社负责调换，电话：010－88190548）
本社质量投诉电话：010－88190744
打击盗版举报热线：010－88191661　QQ：2242791300

前言

当前，中国特色社会主义进入新时代，中国特色社会主义审计事业也进入了新时代，“审计全覆盖”是新时代审计事业的重要特征和内在要求。“审计全覆盖”既是政策与背景，又是目标与要求。要实现对公共资金、国有资产、国有资源和领导干部经济责任情况审计全覆盖，需要国家审计机关、政府内部审计机构不断完善自身建设，但在人员数量不足、相关专业技能不够的情况下，需要向会计师事务所等社会机构购买审计服务。

政府购买审计服务成为当前我国实现审计监督全覆盖的重要手段，有利于凝聚审计力量、形成审计合力，整合审计资源、优化审计资源配置，从而构建各方审计力量共同参与的“大审计”格局。“审计全覆盖”不仅要求覆盖面要全，更要求提高审计质量，增强审计监督整体效能。政府购买审计服务横跨“政府”和“市场”，成为沟通和连接国家审计、政府内部审计和社会审计的桥梁和纽带，既有利于拓宽审计覆盖面，也有利于提高审计质量。

本书针对政府购买审计服务的国内外发展历程与现状、理论基础与法律依据、购买审计服务的动因、政府购买审计服务的采购环节、实施审计服务过程中的职责划分与责任承担、风险防控与质量控制等基本问题进行系统深入研究，这些研究有助于丰富政府购买审计服务的研究内容体系，推进该问题研究的系统性与深入性，能为更好开展政府购买审计服务实践提供更加完善的理论支撑；同时，本书研究还具有直接的现实意义，有助于更好地推动政府购买审计服务实践。

本书对以下主要问题进行研究，并得出相应的研究结论：

第一，关于政府购买审计服务的政策法律依据与理论基础方面。经过对文献、资料及政策法律整理与分析，本书认为我国政府购买审计服务的政策法律依据已经基本完善，既有党中央、国务院的政策依据，又有法律、行政法规、地方性法规、行政规章等层级的法律规范依据。但遗憾的是，《中华人民共和国审计法》中却没有明确规定，审计署也没有制定统一的审计机关购买审计服务管理办法，建议在《审计法》修订时对政府购买审计服务进行明确规定授权，并由审计署出台相关具体规定。在理论基础方面，在审计全覆盖背景下，我国政府购买审计服务的理论基础可以表述为：以“免疫系统论”为核心、以公共受托经济责任理论等其他相关理论为辅助的理论体系，这一体系既包括交易成本理论、新公共管理理论、协同治理理论等“共性”理论基础，更包括“免疫系统论”、公共受托经济责任理论等“个性”理论基础。

第二，关于政府购买审计服务的动因方面。经过实证分析，本书认为在审计全覆盖背景下，政府购买审计服务的主要动因可以从三个层面进行解构：第一个层面是宏观的国家要求即政策法律驱动层面，国家通过制定政策要求实现“审计全覆盖”、通过法律规定授权政府适当购买社会审计服务、整合审计资源，这成为政府购买审计服务的顶层驱动因素；第二个层面是具体的审计机关和内部审计机构需求层面，审计机关和内部审计机构对完成繁重审计工作任务的追求、通过社会审计力量参与来弥补自身人员数量和专业素质不足的现实需要、对降低交易成本和提高审计质量的追求等方面因素，是政府购买审计服务的直接驱动因素；第三个层面是社会审计机构需求，承接审计机关和内部审计机构委托的审计业务是社会审计机构的重要业务与收入来源之一，该利益诉求是政府购买审计业务的间接驱动因素。

第三，关于政府购买审计服务的采购环节方面。经实证研究发现，首先，不同采购方式的采购效率和效果存在一定的差异。招标方式的成交效率最低、耗时最长。其次，是竞争性磋商，采购最快的是竞争性谈判；再次，相比竞争性谈判，政府利用招标和竞争性磋商的购买方式更容易选择到具备良好市场声誉的高质量会计师事务所；最后，高质量的会计师事务所比其他事务所的成交价格更高且“折扣”更少，这符合审计定价原理。本书认为在审计全覆盖背景下政府购买审计服务的集中采购环节，不能只求“采购速度快”“成交价格低”，而应突出“质量导向”。建议在公开招标数额标准以下的，多采用竞争性磋商的采购方式，增加磋商机会，采用综合评分法确定供应商，并在评审过程中选聘一定的注册会计师担任评审专家，尽量避免“价低者得”“忽视质量”的情形。

第四，关于政府购买审计服务实施审计业务环节方面。本书认为：首先，在审计全覆盖背景下、实施审计业务过程中，风险防范和质量控制是核心，合同签订与履行是关键，职责划分与责任承担是保障。经过问卷调查与分析，本书发现实施审计业务过程中，最重要的环节是“风险防范与质量控制”“签订业务合同”“绩效考核及责任划分”。其次，是“现场指导监督”“业务培训”和“中期检查与考核”等环节。风险方面，“社会审计机构职业能力不胜任风险”“社会审计机构独立性风险”和“寻租（廉政）风险”是可能存在的“很大”的风险。再次，是“业务合同约定不明确风险”“审计目标偏离风险”和“业务垄断风险”。对于防范政府购买审计服务过程中的风险、控制审计质量措施方面，“加强全程跟踪监督与沟通”最为重要。复次，是“完善中介机构的选任程序”“规范合同签订与履行”，“加大对违规人员或机构的处罚力度”以及“强化对社会审计机构的服务绩效评价”也很重要。最后，关于职责划分和责任承担方面，依据免疫系统论的理论基础，政府购买审计服务实质上是“免疫系统”借助外界力量，“借助”并非全部“转让”，最终发挥免疫功能的仍旧是自身的“免疫系统”。因此，“服务”可以购买，但“责任”不能外包，在社会审计机构实施审计服务时，审计机关与内部审计机构应当全程指导、跟进和监督，对于社会审计机构提供的审计结果，如果审计机关与内部审计机构采纳并形成审计意见，其责任应由审计机关或内部审计机构承担。

依据本书研究，结合其他研究文献，本书从完善相关政策法律、强化依法购买审计服务、厘清购买审计服务的业务种类与范畴、健全购买方式与程序、注重风险风范与质量控制、明确相关主体职责划分与责任承担等方面，对审计全覆盖背景下完善政府购买审计服务提出了政策建议。

本书的创新点主要有：一是本书认真梳理政府购买审计服务的国内外发展历程与现状，重点对其政策法律依据的现状进行系统分析，提出当前我国政府购买审计服务的政策依据需要尽快转化为法律依据；关于政府购买审计服务依据的规范性文件效力等级偏低的问题，需要在更高效力等级的规范性文件《审计法》中进行授权；并建议审计署出台相关具体规定。二是更系统全面地阐释政府购买审计服务的理论基础，尝试重构了以“免疫系统论”为核心、以公共受托经济责任理论等其他相关理论为辅助的理论基础体系。此外，本书在政府购买审计服务动因、采购环节、实施审计业务环节等研究方面有所创新。系统分析了政府购买审计服务的驱动因素，不同采购方式的采购效率与效果，实施审计业务环节的各方权利义务、风险防范与质量控制、职责划分与责任承担等问题。在研究方法方面，现有关于政府购买审计服务的研究文献大多数是用规范研究的方式进行的，实证研究极为少见，本书通过手工收集的近3000个样本，对相关问题进行实证研究，具有一定的创新性。

目录

绪论 ………………………………………………………………（1）

第一章　文献综述 ……………………………………………（18）
第一节　关于政府内部审计外包的研究 ………………………（18）
第二节　关于政府审计外包的研究 ……………………………（26）
第三节　关于政府购买审计服务的研究 ………………………（29）
第四节　文献述评 ………………………………………………（32）

第二章　理论概述 ……………………………………………（34）
第一节　政府购买审计服务的发展历程与现状 ………………（34）
第二节　理论基础 ………………………………………………（42）

第三章　审计全覆盖背景下政府购买审计服务动因的实证研究 ………………………………………………………（50）
第一节　理论分析与研究假设 …………………………………（51）

第二节　研究设计 …………………………………………（54）
第三节　实证结果与分析 ……………………………………（58）
第四节　本章结论与讨论 ……………………………………（70）

第四章　审计全覆盖背景下政府购买审计服务采购环节的实证研究 ……………………………………（80）
第一节　理论分析与研究假设 ………………………………（81）
第二节　研究设计 …………………………………………（85）
第三节　实证结果与分析 ……………………………………（89）
第四节　本章结论与讨论 ……………………………………（106）

第五章　审计全覆盖背景下政府购买审计服务实施环节的实证研究 ……………………………………（112）
第一节　问卷调查的基本情况 ………………………………（112）
第二节　问卷调查的信度效度检验 …………………………（115）
第三节　问卷调查的结果分析 ………………………………（122）
第四节　本章结论与讨论 ……………………………………（135）

第六章　研究结论、政策建议与研究展望 ……………………（143）
第一节　研究结论 …………………………………………（143）
第二节　政策建议 …………………………………………（148）
第三节　研究创新、局限与展望 ……………………………（155）

参考文献 ……………………………………………………（158）

绪论

一、研究背景与意义

（一）研究背景

政府购买[1]审计服务属于政府购买服务的范畴。近年来，在西方肇始于20世纪70年代的政府购买服务运动潮流的影响下[2]，我国政府在购买社会服务方面做出了相应的探究和努力。其中，为提高审计工作质量与效率，优化审计资源配置，也开始了在政府购买审计服务方面的探索与实践。

与政府购买的其他服务相比，“审计服务”具有显著的“特殊性”，它不仅具有较高的专业

---

① 按照《中华人民共和国政府采购法》规定，政府采购，是指各级国家机关、事业单位和团体组织，使用财政性资金采购依法制定的集中采购目录以内的或者采购限额标准以上的货物、工程和服务的行为。因此，如无特殊说明，本书所称的“政府”指各级国家机关、事业单位和团体组织。

② 西方政府购买服务滥觞于20世纪70年代，当时西方发达国家开启了一场政府改革，发挥市场机制在政府公共服务领域的作用，将部分政府职能委托给社会组织完成。随后，很多西方国家政府购买社会服务领域逐渐拓宽，逐步将其应用于审计领域。政府购买公共服务的潮流对我国政府造成了一定影响。

性，更具有很强的“监督”属性，是一种专业性强的监督服务。该特殊属性决定了其必然具有特殊的研究背景、理论基础和政策法律依据、购买服务的业务种类与范畴，特定的购买方式与程序，特别的质量控制与风险防范、职责与责任的划分与承担规则等。其特殊的研究背景，是指区别于政府购买其他服务研究背景之外的、专属于政府购买审计服务的背景；从理论与实践角度综合考量，本书把对政府购买审计服务的研究放置于“审计全覆盖”的背景之下进行。

当前，中国特色社会主义进入新时代，中国特色社会主义审计事业也进入了新时代，“审计全覆盖”是新时代审计事业的重要特征和内在要求。党和国家提出并多次强调“审计全覆盖”，我国进入“审计全覆盖时代”。2013 年 10 月，李克强总理首次提出“审计全覆盖”；2014 年 10 月，《国务院关于加强审计工作的意见》发布，正式提出“实现审计监督全覆盖”，并指出“根据审计项目实施需要，探索向社会购买审计服务”；2014 年 10 月 20—23 日召开的十八届四中全会，审议通过了《中共中央关于全面推进依法治国若干重大问题的决定》，其中指出要完善审计制度，保障依法独立行使审计监督权；要对公共资金、国有资产、国有资源和领导干部履行经济责任情况实行审计全覆盖。

2015 年 12 月，《关于完善审计制度若干重大问题的框架意见》与 3 个配套文件（其中之一就是《关于实行审计全覆盖的实施意见》）发布，提出实行审计全覆盖的具体意见，要求对公共资金、国有资产、国有资源和领导干部履行经济责任情况实行审计全覆盖；并进一步要求适应审计全覆盖的要求，加大审计资源统筹整合力度，避免重复审计，增强审计监督整体效能；加强内部审计工作，充分发挥内部审计作用；有效利用社会审计力量，除涉密项目外，根据审计项目实施需要，可以向社会购买审计服务。2018 年 3

月，中共中央印发《深化党和国家机构改革方案》，方案强调要构建集中统一、全面覆盖、权威高效的审计监督体系。2018 年 5 月 23 日下午，习近平总书记主持召开中央审计委员会第一次会议并发表重要讲话，又对“审计全覆盖”进行了强调，指出要加强对内部审计工作的指导和监督，调动内部审计和社会审计的力量，增强审计监督合力。

“审计全覆盖”政策提出与实施的重要时间节点、主要内容如表 0－1 和图 0－1 所示：

表 0－1　“审计全覆盖”政策提出与实施的重要时间节点、主要内容简表

时间	内　容
2013 年 10 月 8 日	李克强总理在国务院常务会议上首次提出要实现“审计全覆盖”
2014 年 10 月 9 日	国务院发布《国务院关于加强审计工作的意见》，正式提出“实现审计监督全覆盖”，并指出“根据审计项目实施需要，探索向社会购买审计服务”
2014 年 10 月 20—23 日	十八届四中全会，审议通过了《中共中央关于全面推进依法治国若干重大问题的决定》，其中指出要完善审计制度，保障依法独立行使审计监督权；对公共资金、国有资产、国有资源和领导干部履行经济责任情况实行审计全覆盖
2015 年 12 月 8 日	《关于完善审计制度若干重大问题的框架意见》与三个配套文件，提出实行审计全覆盖的具体意见，要求对公共资金、国有资产、国有资源和领导干部履行经济责任情况实行审计全覆盖；适应审计全覆盖的要求，加大审计资源统筹整合力度，避免重复审计，增强审计监督整体效能；加强内部审计工作，充分发挥内部审计作用；有效利用社会审计力量，除涉密项目外，根据审计项目实施需要，可以向社会购买审计服务
2018 年 3 月	中共中央印发《深化党和国家机构改革方案》，方案强调要构建集中统一、全面覆盖、权威高效的审计监督体系
2018 年 5 月 23 日	习近平主持召开中央审计委员会第一次会议并发表重要讲话，对“审计全覆盖”进行了强调，指出要调动内部审计和社会审计的力量，增强审计监督合力

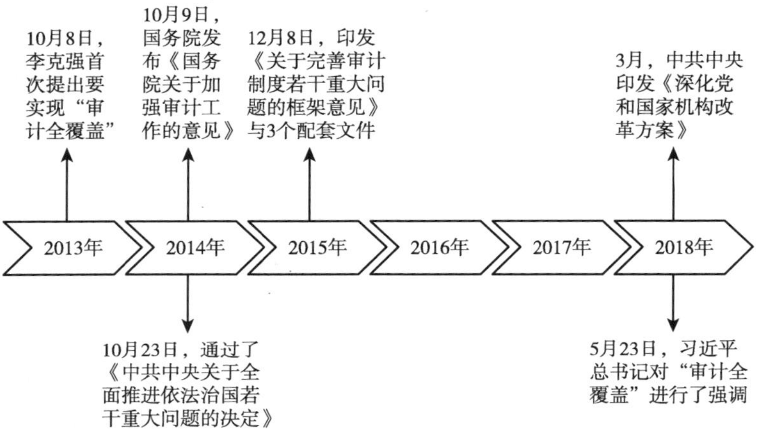

图0－1　“审计全覆盖”政策提出与实施主要时间线路图

学界和实务界很多人认为，实现“审计全覆盖”，是审计机关的事，与政府内部审计、社会审计无关。其实，这是一种狭隘的理解和认知。一方面，审计全覆盖要求对国有资产、国有资源、公共资金和领导干部履行经济责任情况实行审计全覆盖，政府内部审计的对象同样是国有资产、国有资源、公共资金和领导干部履行经济责任情况等方面，政府内部审计是实现“审计全覆盖”的重要力量，因此，审计署办公厅指出，内部审计机构要进一步加大审计监督力度，按照党中央、国务院对审计全覆盖的要求，发挥实现审计全覆盖的生力军作用①；另一方面，“审计全覆盖”要求加大审计资源统筹整合力度，要加强内部审计工作，充分发挥内部审计作用，有效利用社会审计力量，可以向社会购买审计服务。可见，要实现审计全覆盖，国家审计、政府内部审计、社会审计力量三者缺

① 参见2019年4月25日印发的《2019年度内部审计工作指导意见》。

一不可，只是审计机关要发挥主导作用，承担主要责任。①

“审计全覆盖”既是政策与背景，又是目标与要求。要实现审计全覆盖，需要国家审计机关、政府内部审计机构不断完善自身建设，但在人员数量不足、相关专业技能不够的情况下，需要向会计师事务所等社会机构购买审计服务。审计全覆盖背景下，我国政府购买审计服务的目标也不是单一的，至少包括直接目标和根本目标两个层次：直接目标又可以分为数量上的目标和质量上目标，数量上的目标是扩大审计覆盖面，努力实现“审计全覆盖”；质量上的目标是发挥注册会计师审计的优势，提高审计质量。而其根本目标可以概括为：有效整合审计资源，更好地发挥国家审计、政府内部审计在国家治理体系下的监督功能或免疫系统功能。在审计全覆盖背景下，政府购买审计服务的基本逻辑如图0－2所示：

图0－2可见，政府购买审计服务的主体主要有两大类：审计机关和非审计机关。审计机关购买服务的审计业务种类是政府审计或国家审计业务；非审计机关包括其他政府部门或事业单位、团体组织，其购买服务的审计业务种类主要是政府内部审计业务②。审计服务的提供者或承接者既包括会计师事务所，也包括以建筑工程类咨询公司为主的其他中介机构③。

---

① 根据相关规定，审计机关的主要职责包括：……指导和监督依法属于审计机关审计监督对象的内部审计工作；核查社会审计机构对依法属于审计监督对象的单位出具的相关审计报告。可见，审计机关有权力和义务指导和监督政府内部审计工作，核查社会审计机构出具的相关审计报告，在实现审计全覆盖的目标过程中，应当发挥主导作用，承担主要责任。

② 当然也包括政策法律直接规定由注册会计师承担的部分政府专项资金或特定项目的审计业务。

③ 本书作者在访谈专家过程中，有专家认为，只有会计师事务所提供的服务才是真正意义上的“审计服务”，其他机构提供的仅仅是辅助性的工作。

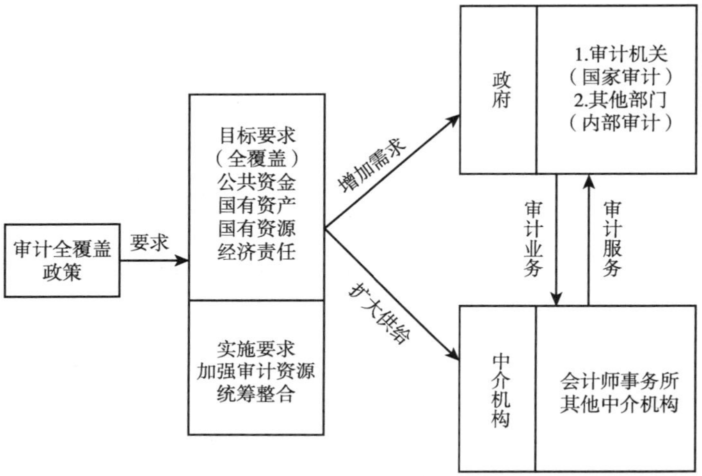

图0－2 “审计全覆盖”背景下政府购买审计服务的基本逻辑图

（二）研究意义

政府购买审计服务成为当前我国实现审计监督全覆盖的重要手段，有利于凝聚审计力量、形成审计合力，整合审计资源、优化审计资源配置，从而构建各方审计力量共同参与的“大审计”格局。“审计全覆盖”不仅要求覆盖面要全，更要求提高审计质量，增强审计监督整体效能。政府购买审计服务横跨“政府”和“市场”①，成为了沟通和连接国家审计、政府内部审计和社会审计的桥梁和纽带，既有利于拓宽审计覆盖面，也有利于提高审计质量。

本书针对政府购买审计服务的国内外发展历程与现状、理论基础与法律依据、购买审计服务的动因、政府购买审计服务的采购环节、实施审计服务过程中的职责划分与责任承担、风险防控与质量

① 党的十八大强调要处理好政府和市场的关系，从某种意义上讲，在审计领域，做好政府购买审计服务工作，是处理好政府和“审计市场”关系的重要途径。

控制等基本问题进行系统深入研究，这些研究将有助于丰富政府购买审计服务的研究内容体系，推进该问题研究的系统性与深入性，在某些方面还具有一定的创新性，能为更好地开展政府购买审计服务实践提供更加完善的理论支撑；同时，本书研究还具有直接的现实意义。

（1）有助于厘清政府购买审计服务的理论基础和法律依据。相对于一般的政府行为，政府审计及政府内部审计具有特殊性，它是党和国家监督体系的重要组成部分，是对公共权力运行中经济行为的约束或监督行为，是法律赋予审计机关或机构的法定职责。这种“特殊性”“法定性”的存在，使政府购买审计服务必须谨慎，必须有充足的理论支撑与充分的法律授权方能实施。尤其是在审计全覆盖的背景下，一方面为达到“全覆盖”的目标，需要尽可能多地购买审计服务；另一方面，对政府购买审计服务的理论基础和法律依据尚未彻底探明，可能在具体实践时缺乏充足依据。因此，对政府购买审计服务的理论基础和法律依据的研究显得尤为重要，在政府购买审计服务理论研究中处于根本性地位。

（2）有助于探明政府购买审计服务的动因和意愿。本书立足于审计全覆盖的背景，就政府购买审计服务的动因和意愿进行规范与实证分析，即探讨政府为何会选择购买审计服务、购买审计服务意愿的强弱决定因素以及购买审计服务的业务种类范畴。从国家宏观政策驱动、审计业务主题或类型、成本效益原则等层面对政府购买审计业务的动因与意愿进行研究，有助于深入剖析政府选择购买审计服务的内在驱动因素，厘清各种驱动因素的逻辑关系，能够为政府购买审计服务提供正确导向。

（3）有助于完善政府购买审计服务的采购方式与程序。政府购买审计服务，不仅要追求覆盖面，还要确保和提高审计质量。一般意义上讲，国际“四大”会计师事务所或国内“十大”会计师事务所能够提供更高质量的审计服务，但在现实中，承接政府委托的审计业务的事务所大部分是委托单位所在地的本地事务所，其中几乎没有“四大”，也鲜有“十大”。因此，有必要结合法律规定与现实状况，探究政府购买审计服务采购程序，对采购程序进行实证分析，探讨不同采购方式的采购效率与效果、探索何种采购方式更有利于选择到高质量的社会审计机构。

（4）有助于加强政府购买审计的风险防控与质量控制。审计全覆盖的要求与背景，既给政府购买审计服务带来机遇，同时也由于各种因素也加大了相关风险。如何有效识别和防范可能发生的风险，控制和提高审计质量，成为摆在我们面前的重大课题。本题将对该问题进行专题讨论，为现实中如何防范政府审计外包风险、控制审计质量提出相关意见或建议。

（5）有助于明确政府购买审计服务的职责划分与责任承担。政府购买审计服务具有“复杂性”，在主体上涉及政府审计机关或政府内部审计部门、社会审计机构和被审计对象三方的权利义务关系，内容上涉及审计机关或政府内部审计部门的法定职权与社会审计机构的约定事项，法律责任方面涉及行政责任、民事责任甚至是刑事责任，等等。因此，理论层面探究出界定政府购买审计服务相关各方的职责划分与责任承担的一般规律，即各方的权利义务如何、谁对审计结果或审计意见负责等，具有重要意义。

二、主要概念阐释与界定

1. 审计全覆盖

蔡春教授（2015）提出，所谓“审计全覆盖”，就是在一定周期内，对政策法律规定范围内的所有相关部门和单位进行全面审计，这些部门和单位包括所有使用、管理、分配公共资金、国有资产、国有资源的部门和单位；当然，审计对象也包括党政主要领导干部履行经济责任情况。①

依据中共中央办公厅、国务院办公厅印发的《关于实行审计全覆盖的实施意见》，“审计全覆盖”政策主要内容结构如0－3图所示：

- 审计全覆盖
  - 审计对象
    - 公共资金
      - 1．政府的全部收支
      - 2．政府管理或代管的资金及相关经济活动
    - 国有资产
      - 1. 行政事业单位管理、使用和运营的境内外国有资产
      - 2. 国有和国有资本占控股或主导地位的企业管理、使用和运营的境内外国有资产
    - 国有资源
      - 1. 土地、矿藏、水域、森林、海域等国有自然资源
      - 2. 特许经营权、排污权等国有无形资产
      - 3. 法律法规规定属于国家所有的其他资源进行审计
    - 领导干部履行经济责任情况
      - 1. 相关单位的党委和行政正职领导干部（包含主持工作1年以上的副职领导干部）履行的经济责任情况
      - 2. 国有企业法定代表人和实际行使相应职权的企业领导人员履行的经济责任情况
  - 审计力量整合 → 审计资源统筹整合
    - 1. 加强审计项目计划统筹
    - 2. 整合各层级审计资源
    - 3. 完善国家审计准则和审计指南体系
    - 4. 建立审计成果和信息共享机制
    - 5. 加强内部审计工作
    - 6. 有效利用社会审计力量
  - 审计技术 → 创新审计技术方法
    - 1. 有关单位应向审计机关提供相关的电子数据信息和必要的技术文档
    - 2. 审计机关要建立健全数据定期报送制度
    - 3. 构建国家审计数据系统和数字化审计平台
    - 4. 探索建立审计实时监督系统

图0－3　“审计全覆盖”政策的内容结构图

① 蔡春教授的这句话，主要从“审计监督对象”的角度，用精简的语言总结概括了审计全覆盖的内涵，参见蔡春．我国国家审计进入“全覆盖”新时代［N］．中国审计报，2015－12－14.

2. 政府购买服务

所谓政府购买服务，是指把政府直接提供的一部分公共服务事项以及政府履职所需服务事项，按照一定的方式和程序，交由具备条件的社会力量和事业单位承担，并由政府根据合同约定向其支付费用。

政府购买服务的相关内容或要素主要包括购买主体、承接主体、购买内容、购买方式与程序等方面。政府购买服务的主体是各级行政机关和具有行政管理职能的事业单位；承接政府购买服务的主体，主要是相关事业单位和企业、机构等社会力量；政府购买服务的内容是适合采取市场化方式提供、社会力量能够承担的服务事项。购买方式主要包括按照政府采购法及相关法律法规规定的方式，购买程序也需依法进行。①

3. 政府购买审计服务

政府购买审计服务是政府购买服务的组成部分，它是指政府为了完成本来由审计机关和政府内部审计部门负责的审计业务，通过一定的方式和程序，交由具备条件的会计师事务所等社会机构承担，并由政府根据合同约定支付费用。

基于上述定义，可以总结出政府购买审计服务由以下要素组成：审计服务购买者是政府部门，包括审计机关以及非审计机关的其他行政事业单位等；审计服务的承接者或提供者是能提供审计服务的社会组织，主要是会计师事务所；购买服务的内容是审计业务；购买的方式和程序一般情况下遵循政府购买服务的相关规则，但应更加注重风险防范与质量控制。

政府购买审计服务包括政府审计外包和政府内部审计外包。

---

① 财政部、民政部、工商总局2014年12月15日印发的《政府购买服务管理办法（暂行）》，该办法自2015年1月1日起施行。

4. 政府审计外包

在我国，“政府审计”基本上是“国家审计”的同意语①，是针对审计机关开展的审计工作或业务而言的。因此，“政府审计”不是“政府的审计”（政府的审计除了包括审计机关的审计外，还包括政府内部审计），两者极易混淆但不能混淆。

政府审计业务外包是审计机关向社会购买审计服务的重要形式，它是指政府审计机关根据审计工作需求和审计业务特征，通过特定方式，将部分政府审计业务委托给社会审计机构，社会审计机构按有关规定和相关约定提供审计服务，政府向社会审计机构支付相应费用。

5. 政府内部审计外包

政府内部审计外包，是指政府内部审计机构按照特定形式与程序，将内部审计业务委托给本组织外部具有一定资质的中介机构，政府按约定向中介机构支付相应费用。按照相关规定，内部审计机构应当根据工作需要，合理配备内部审计人员。除涉密事项外，可以根据内部审计工作需要向社会购买审计服务，并对采用的审计结果负责。②

综上所述，政府购买服务、政府购买审计服务、政府审计外包、政府内部审计外包之间的关系如图0－4所示：

① 王立彦．国家审计体系：中央审计委员会机制下的转型［J］．财会月刊，2019（10）．王立彦教授认为，“国家审计”与“政府审计”概念不同，“国家审计”概念明确，“政府审计”概念则存在模糊性。本书高度认可王立彦教授的观点，但由于当前文献大多数使用了“政府审计”概念，为尊重原有文献，如无特殊说明，本书中“政府审计”内涵与“国家审计”等同。

② 参见审计署：《审计署关于内部审计工作的规定》（2018年3月1日起施行）第三条、第八条。

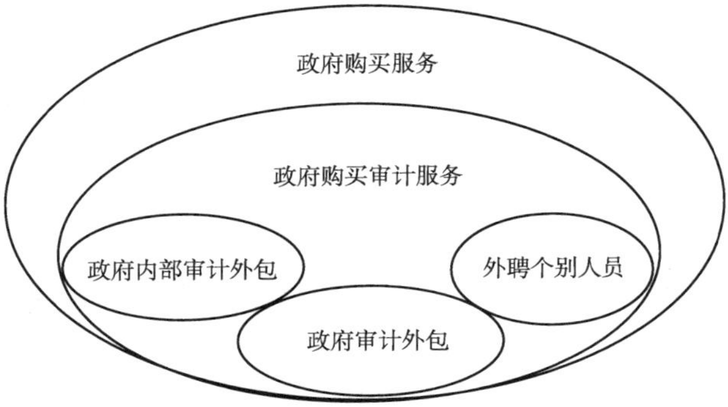

图 0-4　政府购买服务、政府购买审计服务、政府审计外包、政府内部审计外包关系图

6. 政府采购方式与社会审计中介机构备选库

按照《中华人民共和国政府采购法》的规定，政府采购采用公开招标、邀请招标、竞争性谈判、单一来源采购、询价以及国务院政府采购监督管理部门认定的其他采购方式。其中，公开招标是政府采购的主要采购方式。①

上述“国务院政府采购监督管理部门认定的其他方式”当前主要是指“竞争性磋商”方式。2014 年 12 月 31 日，财政部印发实施《政府采购竞争性磋商采购方式管理暂行办法》（财库〔2014〕214 号）。竞争性磋商采购方式是财政部首次依法创新的采购方式，核心内容是“先明确采购需求、后竞争报价”的两阶段采购模式，倡导“物有所值”的价值目标。②

值得一提的是，很多审计机关和内部审计机构都建立了社会审

① 参见《中华人民共和国政府采购法》第二十六条规定。

② 参见财政部《政府采购竞争性磋商采购方式管理暂行办法》〔财库（2014）214 号〕。

计机构备选库。如《甘肃省审计机关购买社会审计服务管理办法（试行）》（2016 年 12 月 5 日发布实施）规定：省、市（州）审计机关通过政府采购以公开招标方式，遵循公平、公正、公开原则，建立中介机构备选库，并与入库的中介机构签订服务合同；对中介机构备选库实行动态管理，每年度根据服务质量考评结果及审计工作需求对中介机构及时进行调整。[①] 中国内部审计协会 2019 年 5 月 6 日印发、6 月 1 日施行的《第 2309 号内部审计具体准则—内部审计业务外包管理》规定，内部审计机构应当根据外包业务的要求，通过一定的方式，按照一定的标准，遴选一定数量的中介机构，建立中介机构备选库。[②]

中介机构备选库与前述政府采购方式的逻辑关系是：一般情况下，先通过政府采购的方式建立中介机构备选库，当政府有购买审计服务的需求时，按照一定的原则和程序从中介机构备选库中选择中介机构；遇到特定审计事项或其他原因，政府也可以采用单独政府采购的方式直接选用中介机构。

三、研究内容与方法

（一）研究内容与研究重点

1. 政府购买审计服务的发展历程与现状

简要梳理国内外政府购买审计业务的源起与发展脉络，包括美国、澳大利亚等西方国家政府购买审计业务的起源与发展，以及我国政府购买审计服务的发展历程；分析国内外政府购买审计服务的现状，并进行适当比较。尤其探讨当前我国政府购买审计业务的特点和存在的问题，其中重点分析当前我国政府购买审计服务政策法

---

① 参见《甘肃省审计机关购买社会审计服务管理办法（试行）》第七条规定。

② 参见中国内部审计协会《第 2309 号内部审计具体准则——内部审计业务外包管理》第九条规定。

律依据的现状与不足。先按照法的渊源等级等标准对我国现有的能够作为政府购买审计服务依据的政策法律规定进行梳理，主要从党的政策、法律、行政法规、部门规章、地方性法规和地方政府规章等层面进行系统阐述和分析，最后再进行总结与评价。

2. 政府购买审计服务的理论基础

在分析政府购买审计服务的理论基础时，先对当前研究文献中所述及的交易成本理论、公共受托经济责任理论、新公共管理理论、协同治理理论等进行简介与分析，再提出本书所主张的当前我国政府购买审计服务的理论基础。在审计全覆盖背景下，我国政府审计外包的理论基础可以表述为以“免疫系统论”为核心、以公共受托责任理论等其他相关理论为辅助的理论体系。作为其理论基础核心的“免疫系统论”借用医学上的概念，把国家治理比作人体这个大系统，国家审计就是这个大系统中一个内生的具有预防、揭示和抵御功能“免疫系统”（同理，政府内部审计是政府内部的“免疫系统”）。当这一“免疫系统”无法独自承载其应当发挥的部分功能或某部分功能需要强化时，需要借助外界可以借助的力量（比如补充自身所缺乏的某种“营养元素”等）；当然，“借助”并非全部“转让”，最终发挥免疫功能的仍旧是自身的“免疫系统”。按照此原理，可以较好、较全面地诠释政府购买审计服务的动因与目标、业务范畴与职责边界等问题。

3. 政府购买审计服务的动因与业务范畴

我国政府购买审计服务的动因是多方面的，既有政策驱动，又有交易成本等方面的因素。在审计全覆盖背景下，政府审计业务外包的动因至少可以从三个层面进行解构：第一个层面是国家要求层面，国家通过制定政策要求实现“审计全覆盖”、通过法律规定授权审计机关适当购买社会审计服务、整合审计资源，这成为政府购买审计服务的顶层驱动因素；第二个层面是审计机关和内部审计机构需求层面，审计机关和内部审计机构对完成繁重审计工作目标的追求、通过社会审计力量参与来弥补自身人员数量和专业素质不足的现实需要、对降低交易成本和提高审计质量的追求等方面因素是政府购买审计服务的直接驱动因素；第三个层面是社会审计机构即会计师事务所需求层面，承接审计机关和内部审计机构委托的审计业务是社会审计机构的重要业务与收入来源之一，该利益诉求是政府购买审计业务的间接驱动因素。政府购买审计服务的业务范畴主要研究哪些业务可以购买审计服务或者更有购买审计服务的意愿、哪些业务不能或不宜购买审计服务。

4. 政府购买审计服务的采购环节

采购环节至关重要，关系到政府能否高效地选定高质量的社会审计机构。政府采购的几种方式在政府购买审计服务的过程中，究竟哪一种或哪几种更有优势，高质量的会计师事务所成交价格是否更高，这些都是本书研究的重点内容。

5. 政府购买审计服务选定中介机构后的实施审计业务环节

主要探讨选定承接业务的中介机构后，如何实施审计业务，包括如何签订合同、社会审计机构如何开展审计业务、审计机关或内部审计机构应当履行哪些职责及其与社会审计机构的协调配合、风险防范与质量控制、责任划分与承担等。

尤其需要在研究中申明，政府可以购买审计服务，但审计机关或内部审计机构的职责与责任不能外包。一般而言，审计机关或内部审计机构承担的主要是法定职责，社会审计机构承担的主要是合同约定的职责；业务实施过程中，审计机关或内部审计机构不能做“甩手掌柜”，而应履行决策、组织、管理、监管等职责。

6. 完善我国政府购买审计服务的对策建议

本书将在前文分析基础上，立足于审计全覆盖的背景，从提出完善我国政府购买审计服务的对策建议。例如，健全和完善政府购买审计服务相关法律政策、厘清政府购买审计服务的业务范围、优化政府购买审计服务的采购流程、加强审计实施程序的风险防范与质量控制、明确各方的相关职责与责任等。

（二）研究方法

本书拟采用的研究方法主要有：

（1）文献分析法。对国内外关于政府购买审计服务的文献进行梳理、分析，研究政府购买审计服务的发展历程、现状、政策法律依据与理论基础、动因与目标、业务范畴、风险防范、质量控制、职责划分等问题。

（2）实地研究法。到审计机关、政府内部审计机构、会计师事务所进行实地观察与访谈，获取有助于研究的资料，推进相关方面的研究。

（3）专家咨询法。就政府审计业务外包的理论与现实问题咨询会计学、审计学、法学、管理学界的专家学者以及实务界的专业人士，获取专家意见。

（4）问卷调查法。就本书研究的相关问题面向审计机关、内部审计机构和会计师事务所等开展问卷调查。

（5）实证分析法。通过各省（市、自治区）政府采购网，手工收集近3000个政府购买审计服务的样本数据，通过这些数据开展实证研究。

（6）案例分析法。拟选取典型案例对政府购买审计服务的相关问题进行分析。

四、研究思路与框架

本书拟立足审计全覆盖的背景，在阐述研究背景与意义、相关概念、研究内容与方法、研究思路基础上，先进行文献综述，再分析政府购买审计服务的发展历程与现状、理论基础，然后按照政府购买审计服务的逻辑先后顺序，分别对其政府购买审计服务的动因、采购环节、实施审计业务环节进行实证研究，最后提出研究结论、对策建议与研究展望。

本书研究的思路框架如图 0－5 所示：

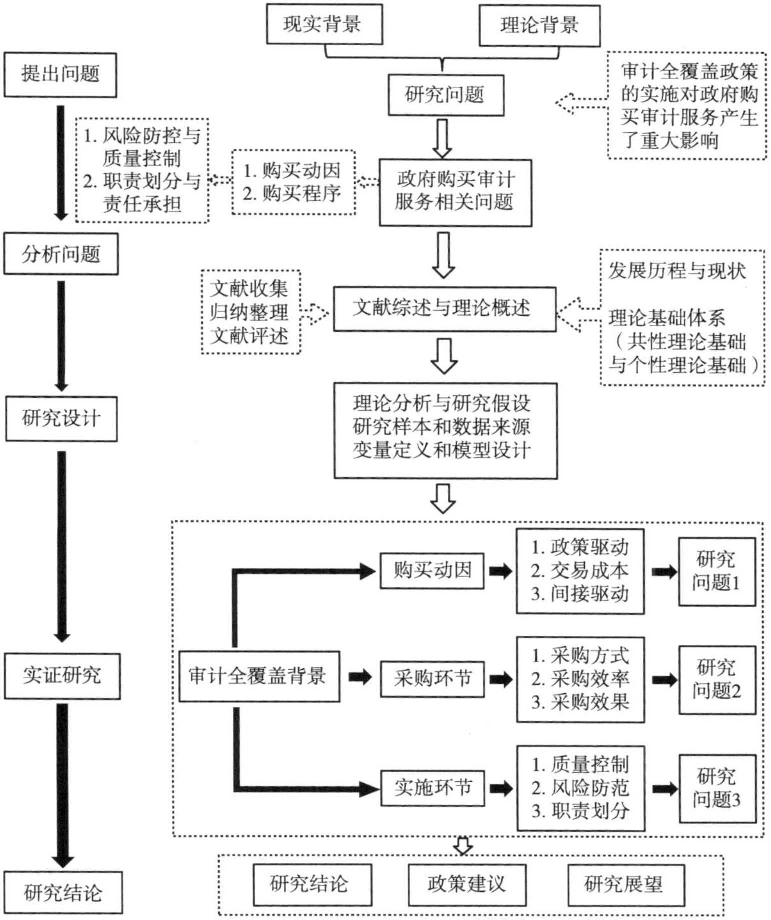

图 0－5　本书研究的思路框架图

第一章 文献综述

如前所述，政府内部审计外包与政府审计外包都属于政府购买审计服务的范畴，关于政府内部审计外包与政府审计外包的研究对于研究政府购买审计服务具有重要的借鉴意义。本章将着重从政府内部审计外包、政府审计外包及政府购买审计服务三个方面对相关研究文献进行回顾。

第一节 关于政府内部审计外包的研究

当前已有文献对政府内部审计外包的研究主要集中于政府内部审计外包的动因、独立性以及风险等方面。学者们尝试从组织职能外包理论、交易成本理论和委托代理理论等角度对这些问题寻求解释。①

① 参见王光远、瞿曲．内部审计外包：述评与现状［J］．审计研究，2005（2）：11－19．该文章对内部审计外包问题的相关研究进行了系统梳理与展望。

一、关于政府内部审计外包动因的研究

大多研究者认为，之所以选择将政府内部审计外包，是出于降低交易成本、提高内部审计独立性与审计质量、优化资源配置等方面的考虑。郭书维（2010）认为政府内部审计外包具有降低内部审计成本，提高内部审计独立性，优化资源配置，提高审计质量等方面的优势。

就降低内部审计成本而言，我国政府部门的组织结构大都较为繁杂，往往分为国家、省、市、县、镇等多级结构，上一级部门大都具有对下一级部门的管理权限，并且各级部门内人员也较多，业务亦十分繁杂。因此政府部门内部审计欲恰当地完成审计任务，必须配备大量经验丰富且技术娴熟的审计人员。而政府部门内部培养这些审计人员必须耗费大量的时间成本和资金成本，并且需大量占用配额稀少的编制指标。采用政府内部审计外包可以借助社会审计力量，减少需配备的政府内部审计人员数量，从而减少编制指标占用，降低政府内部审计人员培养成本，将更多的资源投入核心业务中，提高政府部门的效益。郑石桥（2016）分析提出，对于我国很多政府部门而言，政府内部审计大都不仅不能为该组织创造收益，还需要耗费大量的人力、物力成本，并且还可能存在着效率低下、独立性不足、专业性欠缺等问题，同时为了响应政府体制改革的要求，政府部门有必要将部分内审业务进行外包。

就提高内部审计独立性而言，在政府部门中，“家丑不可外扬”的想法使内部审计机构的工作容易受到各种直接或间接的干预，若是未能建立完善的内部控制制度，就难以保证审计师的独立性和客观性，自然也难以得到客观、公正的审计结果（郭书维，2010）。政府内部审计外包通过聘请外部与政府部门内不存在隶属

关系的审计师进行审计活动，能够在形式上提高审计独立性（傅黎瑛，2008）。

就提高审计质量而言，社会审计机构的人员技术等优势有利于提高审计质量。首先，政府内部审计人员往往限于成本与专业胜任能力，很难提供让领导和主管部门满意的内部审计服务。其次，国内部分政府部门的内部审计机构大部分是形式化的设置，并没有真正发挥其职能，由于内部审计人员缺乏专业胜任能力，在审计工作中可能难以有效地找出实质性问题。相比而言，社会审计机构具有一流的审计人员、丰富的审计经验、先进的审计技术及最新的市场信息来源，再加上社会审计机构独特的质量控制与制度保障体系，使其能提供高质量的审计服务。成颖利（2016）通过研究发现，外部专家专业性强，经验丰富，政府部分内部审计业务若能得到外部专家的参与和技术支持，必然能提高审计质量。

就优化资源配置而言，随着政府体制改革与职能转型，政府多需要的内部审计服务已不同于以往，它需要的是具备更深层次的风险管理和战略管理性质的综合审计服务，而非传统的内部审计纠错防弊职能。风险和战略管理需要审计团队中具有包括工程、财务、金融、计算机等多方面专业知识背景的专业人士，大多数政府部门够不具备这样的工作团队。通过政府内部审计外包，政府部门可以在需要时聘请专业的审计团队，在完成审计任务的同时获取专业的风险管理和战略管理意见，进而能以较小的成本实现资源的优化配置（郭书维，2010）。

二、关于政府内部审计外包独立性的研究

郭书维（2010）认为“独立性”是内部审计外包的灵魂，寻找内部审计外包的平衡点至关重要。石恒贵（2011）提出，理论界和实务界关于内部审计外包的优缺点的争论，主要集中在独立性

方面。①

徐会超、余颖婕（2018）提出独立性是内部审计功能得到有效发挥的关键，是内部审计质量的重要保证，并以高校内部审计外包为例，对内部审计外包的独立性问题进行了系统分析，由于这些分析对文本研究具有很大的借鉴意义，下面将对该研究内容进行详细回顾。

首先，分析了高校内部审计外包在独立性方面存在的不足与问题。第一，制度建设不够成熟。内部审计外包是由安永、毕马威等世界知名会计师事务所首先提出的，他们认为内部审计是组织的成本中心，而不是价值增值者，因此极力推崇由外部咨询机构来完成组织的内部审计工作。一直以来，内部审计的理论研究滞后于内部审计实务的发展，理论始终未能跟上实务的需求，目前关于内部审计外包的制度建设还不够成熟，处于摸索发展阶段，而高校内部审计外包的发展更是晚于企业的运用，高校内部审计外包独立性的制度保障机制是不健全的。第二，审计理念参差不齐。由于高校这一组织机构有别于企业，落实内部审计业务的重要性相较不那么明显，这一自身的特殊性使得高校主体对内部审计的认知落后，导致内部审计的职能定位缺失，审计理念还停留在传统的纠错防弊，还有一些高校的内部审计机构形同虚设，甚至部分高校认为内部审计部门是在耗费资源，完全没有必要设立。转变内部审计的理念、树立增值导向的现代化审计工作观念，是实现高校内部审计外包的独立性的当务之急。第三，审计功能发挥不充分。作为组织的一个重要职能部门，内部审计机构理应受到高校领导管理层的重视，使之成为高校发展过程中的监督者、发展者和咨询者。然而现今的情况

① 参见石恒贵．内部审计外包与审计独立性［J］．商业研究，2011（8）：150－155．石恒贵的这篇论文主要是针对上市公司内部审计外包进行的实证研究。

大多是，高校设置的内部审计部门的独立性和权威性有失保障，且内部审计人员的结构有待完善，审计人员的职业胜任能力不足，高校内部审计部门缺乏独立性与权威性，从而使高校内部审计的功能未能得到充分发挥。

其次，从委托方、受托方和业务类型三个视角分析了影响高校内部审计外包独立性的因素。第一，基于委托方的视角。作为国家事业单位，高校既有别于私人企业，也不同于其他的公共部门，其内部审计外包的独立性风险理应相对较低。但是，在知识经济时代，高校在谋求发展的过程中不断探索新型教育模式和办学思路，高校运营的业务也趋于复杂化和多样化，比如跨国家、跨地区的合作办学，境外留学生的招生人数增多，基建投资规模扩大等，所有这些无疑将加重高校内部审计的业务量，加剧内部审计业务的复杂性，从而增加内部审计业务的独立性风险。审计业务越复杂、内部控制制度越缺失，则内部审计外包的独立性风险越高。第二，基于受托方的视角。受托方的公司规模和业界声誉是影响高校内部审计外包独立性的重要因素，受托方的专业化水平也是一个不容忽视的影响因素。另外需要强调的是，相较于专业化的管理咨询公司，会计师事务所受托开展高校的内部审计业务的独立性可能会受到事务所自身业务内容交叉的限制。有国外学者研究证明，如果同一会计师事务所既提供内部审计服务，还负责外部审计业务，那么审计人员在开展审计工作时，不论是会计师事务所形式上的独立，还是实质的独立都会受到负面影响。而当会计师事务所做到职务分离、各司其职，将内部审计业务交由单独的咨询部门开展，完全独立于外部审计部门的工作，这将鼓励财务分析师理解会计师事务所的独立性，从而对内部审计外包独立性的认识产生积极的影响，那么审计报告会更可靠、更真实有效。第三，基于内部审计外包业务类型的视角。高校内部审计外包要求外部的机构提供的服务范围和业务内容的不同，必然会直接影响到内部审计工作的独立性。因为不同的服务内容和服务类型显然对内部审计独立性产生的威胁程度是不一样的，并且不同的服务范围和服务比重产生的审计费用也是不一样的。相较于那些财务收支审计、财务信息审计、舞弊审计、经济责任审计、绩效审计等方面的经济监督活动和一些经济管理活动，涉及管理咨询方面的增值审计服务更容易与高校的管理层形成亲密关系、滋生互利互惠式勾结，且这类服务收取的费用也比较高昂，这便大大地增加了受托方对委托方的依赖程度，容易对内部审计独立性造成损害，使社会公众对高校内部审计产生不信任。所以如果高校偏管理咨询类的审计业务比重越大，那么内部审计外包丧失独立性的风险便越大。

最后，提出了高校内部审计外包独立性的评估标准及保障建议。对于高校内部审计外包化的独立性，通常有形式独立和实质独立两方面的评估标准。保障高校内部审计外包独立性的建议有四个方面：第一，转变内部审计的理念和认知。在增值审计的价值导向下，内部审计不但要主动地全面评估组织的各类重大管理事项，对发现的问题提出解决措施，而且要通过对组织制度进行鉴证判断制度是否存在缺陷，确保按制度实施的具体经济行为合法合规，最终促成组织目标的实现。第二，正确选择内部审计外包的受托方。高校遍及全国的各座城市各个地区，不同区位的高校发展程度不一，其内部审计所需达到的标准也有所差别，所以高校不能盲目选择高成本的外部专业审计机构，应结合内部审计外包的需要和自身的经济能力，合理选择内部审计外包的受托方。高校选择内部审计外包时应“量体裁衣”，将内部审计业务委托给合适自己的外部专业机构显得更为明智。此外，高校需要注意的是，如果长时间地将内部审计外包给同一固定的专业机构或会计公司，则会导致进行内部审计的机构对高校的依赖性逐渐增强，这对内部审计的实质独立带来的负面影响会不断增大，内部审计独立性缺失的风险会更大，高校内部审计外包的独立性就难以保证。所以，高校应该适时地变更内部审计外包的受托方，以保障负责高校内部审计工作的专业机构或是会计公司实现独立审计。第三，调整内部审计外包的业务类型。根据业务发展的需求，高校在选择内部审计外包服务的类型时，需要慎重决策，合理调整内部审计外包服务在全部费用中的占比，以确保内部审计外包的独立性。第四，设计并实施保障独立性的审计形式。不管在财务审计方面还是在业务流程上，抑或是战略发展的咨询服务中，整个审计工作的执行都会遵循统一的业务流程。但是，高校可以针对不同的内部审计外包的业务类型设计并实施不同的审计形式以保障内部审计的独立性。在审计费用的可承受范围内，高校可以将咨询增值服务和审计服务分离，分别交由专业的管理咨询机构和会计师事务所负责，两部分工作各自独立开展，以保证其独立性和高质量。若将这两部分服务外包给同一外部的机构，则建议选择实现了咨询业务部门和审计业务部门职责分离的专业机构或会计公司，以提高内部审计外包的独立性。

三、关于政府内部审计外包风险的研究

研究者们认为，政府内部审计外包的优势是明显的，但同样也存在一定的风险，如外部审计人员对政府部门了解不足，审计信息可能泄露，不利于建立长效审计机制，审计质量难以保证等方面。

就外部审计人员对政府部门了解不足方面而言，由于政府部门业务的特殊性与广泛性，政府部门领导着眼于长远，希望内部审计人员的配备更多倾向于对组织、对领导忠诚度高的人员。一般而言，内部审计人员更熟悉单位的实际情况、了解政府部门领导的实际需求，积极主动地围绕政府部门的工作目标实现开展审计工作，提出合理化建议。而外部审计人员可能不了解政府部门实际情况，

不了解政府部门领导的真正需求，其加入政府部门内部审计工作固然会产生一定好处，但是这些提供技术支持的外部专家，也可能简单地套用审计企业的思路与方法，从而导致审计目标的偏离。当然，如果政府部门在一定周期内聘请相同的社会审计机构开展内部审计，在该周期的后期，该社会审计机构会逐渐熟悉政府内部审计业务；但由于外部审计人员的流动性较强，那些好不容易熟悉了政府内部审计业务的人员可能因工作变动等原因不再继续参加该项审计业务，导致审计业务不稳定（成颖利，2016）。

就审计信息可能存在的泄露风险方面而言，社会公开化程度在东西方文化中存在巨大差异，现有以美国、澳大利亚等为研究对象的政府内部审计外包研究较多，而国内以政府内部审计外包为研究主题的研究仍然欠缺。内部审计结果在我国政府部门中视为秘密，尤其是经济责任审计结果。公开审计结果将使政府部门承受更大的舆论压力。陈龙腾（2013）研究发现，当政府部门将内部审计委托给社会审计机构实施时，外部审计人员自然就获得了深入该单位内部了解部分信息的权利和机会，在后续开展的审计工作中，外部审计人员将会接触到政府部门内部更多方面的信息，而这其中很有可能包含一些机密信息，如果外部审计人员保密性不强，则会导致信息泄漏的风险。

就不利于建立长效审计机制方面而言，这是由于内部审计外包的固有属性决定的，因为政府部门内部审计外包是政府将内部审计业务委托给社会审计机构，社会审计机构基于外包服务合同完成具体任务，如果将大量的审计业务长期进行外包，可能导致政府部门内部审计机构功能弱化，难以有效培养自己内部人员，从而失去内部审计核心竞争力，不利于建立长效审计机制。西方一些国家对此早有知觉，比如美国、加拿大等地的内部审计外包业务因低成本战略取得长足进展，但有人担忧这种低成本只是暂时“策略”，是为了吸引客户的短期技巧，到一定阶段外部审计机构占领了市场后，他们会因竞争的削弱而提高服务价格，或从审计收费中获得超额补偿或更大的利润。可见，内部审计外包不利于长效审计机制的建立，而无法建立长效审计机制，可能会让政府付出更高的成本去寻求审计业务外包，形成恶性循环。

就难以保证审计质量方面而言，在市场经济条件下，社会审计机构在合同约定的范围开展审计工作，为节约成本，社会审计机构会尽量减少工时和工作量，没有主动地帮助政府部门查找内部控制漏洞、提出合理化建议的动力；部分社会审计机构将政府委托的内部审计业务视为锻炼新人的平台，委派缺乏业务经验的员工参加审计工作，一些社会审计机构为了维系客户资源或因接受商业贿赂等其他原因选择性地忽视审计过程中发现的问题。此外，鉴于政府部门业务的特殊性，政府在将内部审计业务外包后，应该对参与审计业务的社会审计机构人员在审前进行培训，对审计工作底稿的编制、审计业务开展过程中的注意事项以及审计报告的撰写进行指导，并在审计外勤阶段保持与社会审计机构人员的密切沟通联系、及时掌握外勤工作的进度与遇到的问题、实时跟进协调。否则，不培训或是培训不充分，沟通不及时或是未能有效沟通，都可能带来社会审计机构撰写的底稿和报告不符合内部审计部门的要求，严重影响审计质量（黄旸杨，2017）。

第二节　关于政府审计外包的研究

虽然政府审计外包已成为世界各国审计机关的通行做法，但理论上的研究文献非常有限，国内的研究也不充分。按照研究内容，国内外主要研究文献大致可以分为以下几类：

一、关于政府审计外包的综合研究

徐向真（2014）着眼于政府审计业务外包的发展情况，分析了我国政府审计外包的必要性、主要形式及其优缺点，提出了政府审计外包过程应该注意的事项。并建议，在实施政府审计业务外包时，应当注意正确选择外包审计机构、谨慎签订外包合同、建立责任追究机制。

谢娇（2016）基于审计全覆盖的要求，分析了政府审计外包在实现审计全覆盖目标中的可能作用，为我国实现审计全覆盖的提供可行路径与思路。一方面，政府审计业务外包弥补了审计机关在人力资源上的稀缺；另一方面，社会机构凭借其较高的专业化水平可以为审计机关提供技术上的支持。政府审计业务外包需遵循质量原则、保密原则、科学原则，注重审计机关的角色定位、外包方式的选择、外包机构的产生等方面。

刘澍（2016）认为，鉴于当下实现审计全覆盖的要求与政府审计资源的相对有限性之间的张力，政府审计业务外包有其产生发展的必然性。作为政府治理变革和创新的举措之一，政府审计业务外包日益成为政府审计实践发展的新趋势。为了完善其运行机制，需要厘定政府审计业务外包范围，廓清政府审计业务外包主体，合理选择政府审计业务外包方式，科学确立政府审计业务采购方式，重视政府审计外包合同管理，强化政府审计外包质量监控。

二、关于政府审计外包特定环节或特定业务类型外包的研究

郑石桥（2015）立足于交易成本理论，对政府审计外包的动因进行研究，认为审计业务就是审计交易，对于自制还是外包的选择，其本质就是选择审计交易的治理结构，政府审计业务外包的驱动因素是降低交易成本。石恒贵（2018）以湖南省长沙县审计局为例，

通过建立政府审计业务外包影响因素的回归模型，经实证研究发现：交易成本与审计主题是地方政府审计业务外包的主要影响因素。①

赵雪梅（2016）聚焦于政府审计业务外包的风险研究，从审计全覆盖的形势出发，分析政府审计业务外包风险存在的原因，分类阐述外包过程中可能存在的风险，并针对这些风险提出解决措施。贺超蓉（2012）结合湖南高速公路建设项目审计外包的具体实践，分析了该审计外包在对象选择、合同管理、质量管理等方面存在的问题，并有针对性地提出可行建议。朱会敏（2016）在审计全覆盖背景下，从政府环境审计项目的事前、事中、事后三个方面出发，对政府环境审计外包的实践框架进行了一个粗浅的分析，并就实践中存在的问题提出相关对策。

魏晓雁（2019）以问卷调查的方法，在分析政府审计机构购买审计服务质量驱动因素的基础上，构建了审计机关购买审计服务质量的概念框架，经过实证研究发现，执业能力和契约精神是中介机构参与政府审计工作质量的重要影响因素，审计机关购买审计服务的质量取决于审计发现问题、审计工作完成及时性、审计定价以及审计报告撰写质量。②

三、国外政府审计业务外包经验的研究

对国外政府审计业务外包经验研究最系统、最有代表性的是贾云洁关于澳大利亚政府审计外包的研究。贾云洁（2014）研究提

① 参见：石恒贵．地方政府审计业务外包决策的影响因素研究——以湖南省长沙县审计局为例［J］．会计之友，2018（24）：108－112．值得一提的是，在政府购买审计服务研究领域，通过构建回归模型的实证研究文献极少，石恒贵在该领域实证研究方面具有一定开创性。

② 参见：魏晓雁．政府购买审计服务质量的驱动因素——以地方审计机关为测试对象［J］．财会月刊，2019（14）：129－135．魏晓雁通过问卷调查进行实证研究，在政府购买审计服务研究领域具有一定创新性。

出，20 世纪 80 年代，澳大利亚政府推行微观经济改革，公共会计联合委员会对澳大利亚审计署（ANAO）发起检查质询，促成了 ANAO 审计外包的应用与推广。现今，外包已成为澳大利亚政府审计的通行做法。在外包优劣得失的争辩中，业界逐渐达成了共识：业务可以外包但责任不能外包；必须实施有效的合同管理，确保获得外包收益。2014 年我国颁布的新《预算法》和国务院发布的《关于加强审计工作的意见》，提出了决算审计等新任务，提高了政府审计的要求，政府审计业务外包的现实需求已形成。

第三节 关于政府购买审计服务的研究

由于政府购买审计服务包括政府内部审计外包和政府审计外包，因此，前述关于政府内部审计外包和政府审计外包的研究都可以说是关于政府购买审计服务的研究。本节对前述两部分的研究情况不再重复阐述，只简要总结第一节、第二节文献回顾中未述及的研究情况。

一、关于政府购买注册会计师服务的专题研究

政府购买的审计服务中，最为重要的就是注册会计师提供的审计服务。徐向真（2017）系统分析了政府购买注册会计师服务的现状、问题与对策。我国政府购买注册会计师服务处于探索阶段，尚未形成完善的体系和制度，存在一些问题与不足，如没有相关的准则和指南供注册会计师参考，占政府购买总量比重偏低、投入经费不足，各地发展程度不一，缺乏有效的沟通与监督等。政府应制定完善的政府购买审计服务制度，增加相应经费支出，加大对购买注册会计师服务的支持力度，规范购买流程；建立完善的沟通与监

督机制，做好审前沟通、审中监督和审后评价。

夏明、李晓强（2011）以四川省为例提出，四川省政府投资审计工作当前面临着大量应审资金、项目与审计人员数量、技术不足的矛盾，但提供社会审计服务的人员达到近3.5万人，是政府审计机关人员的100多倍，社会审计资源相当丰富，并且社会审计结构也在积极拓展审计业务，尤其是向为政府提供审计服务领域拓展，因此政府购买社会审计服务是解决当前矛盾的可行之法。陈全（2014）认为，能够提供社会审计服务的组织，尤其是会计师事务所在人员数量、专家资质、政策支持等方面都具备向政府提供审计服务的能力，客观上能够保证为政府提供服务的质量。

政府自我审计可能存在独立性问题。政府审计存在的基础在于受托责任关系，审计机关职责是受托履行公共审计服务，验证政府的公共受托经济责任。许正中（2008）提出，政府财务报告是否能客观公允地反映政府的业绩和受托责任，由政府来发表意见显然是有失公允的。作为政府，为了更好地履行公共受托责任，可以如上市公司一般，引入注册会计师审计制度。政府购买社会审计服务能够在一定程度上提高审计独立性（徐超、齐思君，2014）。

二、关于政府购买审计服务与审计资源整合的研究

张倩（2013）研究提出，从现有文献看，国内最早提出“审计资源”概念的是郭道扬教授。郭道扬教授于1989年在《会计百科全书》中阐述，审计资源是可用于审计工作中的人力、物力、财力和时间等要素，包括现实的和潜在的、第一线和后勤的所有资源。

张爱勤（2010）认为，审计资源整合是政府审计发展过程的必然结果，国家审计与社会组织提供的审计各自具有不同的优劣，国家审计可以有效利用外延力量，扩充审计资源。许存格（2010）提出了政府审计的“矩阵结构组织形式”，建议采用“矩阵模式”

组成审计项目组，集合包括社会审计专家在内的各方面专业人员共同参与审计项目，以实现审计资源的优化整合。由于政府审计或政府内部审计与注册师审计既有相似之处，又各有所长，相互组合或结合，可以弥补各自在工作上的不足，能更好地完成审计任务，实现审计目标（谭斌，2015）。

三、关于政府购买审计服务审计收费与风险等方面的研究

国外有关政府购买审计服务的研究很多聚焦于审计收费的领域。Ward 等（1994）通过政府审计费用模型来研究有关因素对政府审计费用的影响，这些因素包括和审计师专业水平、审计调整、审计质量和与公共服务资金水平相关的机构费用确定等方面，指出受委托的会计师事务所的声誉影响审计费用，同时发现审计费用与审计调整有正相关的关系。① 而 Raman、Wilson（1994）则发现，在成熟的证券市场中相比事务所的声誉和审计质量，政府定价更可能决定政府购买审计服务的价格。② 此外，Johnson 等（2002）研究季节变化对地方政府审计收费与审计迟延的影响，提出在美国会计核算年度中，9 月或 12 月进行的政府审计项目费用会比在 6 月施行的审计项目费用高，9 月的审计项目经历最短的审计迟延，在 6 月和 12 月的审计项目经历相同且最长的审计迟延。③

国内关于政府购买审计服务的研究中，有很多研究关注政府购买审计服务的风险。政府购买社会审计服务在审计师选聘中往往存

---

① Ward D D，Elder R J，Kattelus S C. Further Evidence on the Determinants of Municipal Audit Fees. The Accounting Review，1994（2）：399 –411.

② Raman KK，Wilson E R. Governmental Audit Procurement Practices and Seasoned Bond Prices. The Accounting Review，1994（4）：517 –538.

③ Johnson L E，Davies S P，Freeman R J. The effect of seasonal variations in auditor workload on local government audit fees and audit delay，Journal of Accounting and Public Policy，2002（4）：395 –422.

在购买方式不规范、选任过程不够透明等问题，难以做到完全公平、公正、公开，容易产生寻租行为；此外，定价机制不合理，对购买的服务质量、效果的绩效评价重视不够，可能难以选聘到真正适合的审计团队（施丽鹂，2018）。

第四节 文献述评

关于政府购买审计业务的研究已经引起广泛关注、取得了初步成效，为本书的研究提供了一定的素材和借鉴。比如关于政府购买审计服务动因方面的研究，将为本书第三章提供必要借鉴；关于政府购买审计服务审计定价方面的研究，将为本书第四章提供一些素材；关于政府购买审计服务风险方面的研究，将为本书第五章提供一定参考。在本书第六章阐述对策建议时，也将结合已有文献的研究成果。

然而，总体而言，国内关于政府购买审计服务的理论研究尚处于起步阶段。据不完全统计，我国关于“政府审计业务外包”或“政府购买社会审计服务”“注册会计师参与政府审计”“政府审计与注册会计师审计资源整合”等方面的专题研究成果主要体现为发表在期刊上的数十篇论文以及为数极少的几篇硕士学位论文，其中质量相对较高或有代表性的成果更是凤毛麟角。

这些研究存在很多不足，具体体现在以下四个方面：一是很多研究在基本概念和逻辑上存在错误，有的把“政府购买审计服务”与“政府审计机关购买审计服务”混淆①，有的把政府购买审计服

① “政府审计机关购买审计服务”只是“政府购买审计服务”的一种，“政府购买审计服务”的主体除了审计机关外，还包括诸如财政部门、国资委、教育部门、事业单位等；而政府购买审计服务的业务种类不仅包括审计机关的“政府审计业务”，也包括其他行政事业单位的“政府内部审计业务”以及其他专项审计业务。

务的“采购”方式与“招标”划等号等[1]；二是研究不够系统和深入。很多研究只是“泛泛而谈”“浅尝辄止”，缺乏细致分析与周密论证，系统性和深入性有待新一步加强。二是理论与实际“脱钩”比较严重。有的研究从“理论到理论”，缺乏真实而充分的实践数据或案例支撑，以至于有些观点完全不符合实际甚至是错误的；有的研究“就事论事”，只分析案例，既缺乏理论基础，又没有理论升华。三是关于政府购买审计服务的一些重要研究内容尚无人涉及。比如关于政府购买审计服务的政策法律依据方面，尚没有人进行系统梳理与分析；又如，关于政府购买审计服务的采购方式，也没有人进行专题研究。

因此，本书的研究将着重在重要概念和逻辑的厘定、研究的系统性与深入性、理论与实践的紧密关联性以及部分内容的创新性等方面下功夫。

① 政府购买审计服务的采购方式包括公开招标、邀请招标、竞争性谈判、询价、单一来源采购和竞争性磋商六种，很多人习惯性地把这六种方式统称为“招标”，这是不正确的。事实上，招标只包括“公开招标”和“邀请招标”，其他四种方式是“非招标方式”。

第二章 理论概述

第一节 政府购买审计服务的发展历程与现状

一、国外政府购买审计服务的发展历程与现状

提供公共服务已经成为现代国家或政府义不容辞的公共责任，是国家和政府对现代公民纳税人的一种最直接的义务。在很多西方发达国家，公共服务的提供经历了从社会[①]为主提供，到由政府为主提供，再到政府与社会力量合作提供的阶段（贺巧知，2014）。这一趋势开端于以英国为代表的欧洲国家，逐渐影响到其他国家。从1990年开始，英国地方政府开始把公共服务项

① 这里所说的“社会”包括慈善机构、教会等组织。

目面向全社会公开招标。在英国的带动下，法国、美国、德国、澳大利亚、日本等发达国家都相继开展了公共服务的市场化改革，推行政府购买公共服务。[①]

在西方国家，政府审计机关与社会审计组织在工作性质和工作内容上各成体系，社会审计组织依据审计准则开展审计业务，政府审计机关依据相关法律法规开展审计工作（杨丹丹，2017）。在政府购买公共服务广度和深度的日益扩展的背景下，政府审计业务量大，人员不足、效率低下的问题日益凸显，而社会上却存在一大批专业素质高、业务能力强的注册会计师群体，西方政府逐步开始向社会购买审计服务。

美国早在 19 世纪晚期就提出了由外部独立机构对政府进行审计的设想，他们认为，政府应该聘请外部审计师对政府部门进行审计（张曾莲，2010）。1900 年统一会计方法委员会提倡由民间审计师对市政府进行独立审计。随着资本市场对美国政府不信任程度的扩大，1913 年纽约市的梅斯基金会敦促政府要有独立的财务审计。由于资本市场是政府众多重大项目的主要资金来源，政府为了提高自身在资本市场中的信誉度，自那时起越来越多的美国地方政府聘请独立的注册会计师审计其财务报表。1990 年前，美国联邦政府财务问题非常严重，联邦政府亟须通过改革财务管理组织体系，提升联邦财务管理水平（丁友刚等，2012）。为此，1990 年美国国会通过《CFO 法案》，提出了对联邦政府部门或机构 CFO 出具的财务报告进行审计的要求。事实上，美国的注册会计师参与美国政府审计工作的技术壁垒和资质壁垒都较小，在政府审计准则和相关法规方面都对政府购买社会审计服务大开方便之门。

① 关于国外政府购买服务的起源与演进过程的论述主要参考财政部财政科学研究所贺巧知博士的学位论文《政府购买公共服务研究》。

与美国类似，法国、德国、日本、澳大利亚等国家也以法律法规的方式，确立了政府购买社会审计服务的合法性与合规性。

20 世纪后期，内部审计外包在国外逐步流行开来，安永、前安达信、毕马威等会计师事务所最早提出内部审计外包这一概念，他们认为根据组织核心能力理论，内部审计部门也是组织内部的一个成本中心，并不能直接为组织创造价值，而且组织应将资源用于增强自身具有竞争优势的部门，可以由专业会计师事务所来提供内部审计工作服务。

20 世纪末，伴随着科学技术的迅猛发展，信息化推动了经济全球化的发展进程，也加剧了市场竞争的激烈程度，企业在数字经济时代中要谋生存、求发展，就必须牢牢抓住信息技术的变革带来的伟大契机，同时必须时时防范经济的动态发展中潜在的巨大风险。在不确定的经营风险面前，企业越来越关注内部审计在防范和控制企业经营风险上的积极作用。而在企业组织机构的重组再造过程中，西方众多企业尤其是大型公司将内部审计工作改由外部专业化公司执行，他们认为在这种外包的形式下，企业不但可以引入先进的审计理念，创新内部审计的方法，促使审计工作更有效率；而且更是有助于形成规模经济，节约审计成本，提高内部审计业务的专业性，促使审计工作更有质量。而对内部审计的认知和实践上，美国应当算是“第一个吃螃蟹的人”。美国内部审计师协会的一项调查发现，内部审计外包普及于美国各行各业的企业中，其所占比例从 1996 年的 21.5% 升至 2000 年的 38%。

国际内部审计师协会（以下简称“IIA”）于 2013 年发布的《国际内部审计专业实务框架》对内部审计给出了全新定义：“一种独立、客观的确认和咨询活动，用以增加价值和改善组织的营运。”从 IIA 修订的这一新定义，我们可以窥见内部审计的实质。作为外部审计的延伸，内部审计应当同组织中的其他组成部分一样，是为组织增加价值、提高运作效率的一员，是一项能够为组织带来巨大效益的“资产”，是组织改善经营的建设者，是组织增加价值的贡献者。内部审计的目的是通过提供确认（鉴证）、咨询等服务促进组织的价值增值，改善组织的经营管理，实现组织的既定目标。

内部审计在组织管理中扮演着重要的角色。一方面，内部审计可以通过确认活动对已经发生的事情进行审查，从经济性、效率性、效果性三方面关注资源的使用情况，评价鉴证各部门的工作活动和经营业绩，揭露既有的问题并弥补存在的漏洞，规避同种错误的再次发生；另一方面，内部审计还可以实时监督各项工作的合法性、合规性和效益性，及时补救问题、堵住漏洞、避免恶化，甚至可以站在战略性预见的视角，预测组织治理和经营活动中可能发生的风险，预先对潜在的风险和面临的挑战做好准备工作，预防管理漏洞和经营不善，充分发挥内部审计的预防保护和咨询促进作用。组织将这一部分的职能外部化也是一种重要选择。

内部审计外包是指组织将其内部审计职能全部或部分通过契约委托给组织外部的机构执行。国外学者将内部审计外包分为四种形式。一是补充式，即外部受托方通过补充，同组织的内部审计部门一起完成内部审计的工作；二是管理咨询式，这是对原有咨询或审计项目的扩展，组织可能设立内部审计职能，也可能不设立；三是全外包式，这在未设立内部审计职能的中小企业比较流行；四是替代式，即用外部机构部分或全部替代现有内部审计部门。

二、我国政府购买审计服务的发展历程与现状

我国政府向社会购买审计服务的概念虽然是近几年才被提起，但是在实践中政府早已向注册会计师购买审计服务。1995 年，财政部、审计署和中央银行针对小金库开展专项清查活动时，就开始

借助注册会计师的力量，这是我国政府购买审计服务的最早尝试之一。1997 年实施的《审计法实施条例》规定："审计机关根据工作需要，可以聘请具有与审计事项相关专业知识的人员参加审计工作，"审计机关购买社会审计服务起步于此。

2002 年前后，各省相继出台国家建设项目审计办法，均有类似"重点建设项目的竣工决算审计由审计机关进行"的规定，审计机关竣工决算审计工作量加大，投资审计人员远远无法满足审计任务需要，因此以大量的审计外包方式来补充国家审计力量的不足成为了必然。2006 年，审计署颁布了《审计署聘请外部人员参与审计工作管理办法》，规定了审计署可以聘请专家和外部审计人员参与审计。

《关于加快发展我国注册会计师行业的若干意见》（国办发〔2009〕56 号）中提出应大力拓展注册会计师的执业领域，借助政府购买服务等促进注册会计师行业做大做强。从此，有关政府购买注册会计师服务、尤其是审计服务的试点工作开始在我国各地迅速开展起来。

2013 年 10 月 8 日，李克强总理在国务院常务会议上首次提出要实现"审计全覆盖"，扩大了政府购买社会审计服务的范围和数量。2014 年 10 月 9 日，国务院发布《国务院关于加强审计工作的意见》，正式提出"实现审计监督全覆盖"，并指出"根据审计项目实施需要，探索向社会购买审计服务"。2014 年 10 月 20—23 日，十八届四中全会审议通过的《中共中央关于全面推进依法治国若干重大问题的决定》，以中央最高层级的文件确定了审计全覆盖的重要地位、认可了政府购买审计服务行为。2015 年 12 月 8 日，《关于完善审计制度若干重大问题的框架意见》与三个配套文件（其中之一就是《关于实行审计全覆盖的实施意见》），提出实行审计全覆盖的具体意见，要求加大审计资源统筹整合力度，充分发挥内部审计作用，有效利用社会审计力量，除涉密项目外，根据审计项目实施需要，可以向社会购买审计服务。

受国家政策法律的影响，近年来，各地方也陆续出台了政府购买审计服务的相关制度规范。如各省、市、自治区人大常委会制定的审计条例均有类似“审计机关可以根据审计工作需要，确定符合条件的社会中介机构或者其他专业机构，并签订协议，由机构选派专业人员参加审计机关的审计工作”的相关规定；有些地方的审计机关还制定了《审计机关购买社会审计服务的管理办法》，专门规范审计机关购买审计服务的程序与管理。

内部审计外包方面，2019 年 5 月 6 日，中国内部审计协会发布《第 2309 号内部审计具体准则——内部审计业务外包管理》，自 2019 年 6 月 1 日起施行。该准则适用于各类组织的内部审计机构，其中也包括政府内部审计机构。该准则较为具体地规定了内部审计外包的一般原则、选择中介机构、签订业务外包合同（业务约定书）、审计项目外包的质量控制、评价中介机构的工作质量等内容，为内部审计外包提供了切实可行的规范依据。

经过 20 多年的发展，我国政府购买审计服务已经取得一定的成效，主要体现在三个大的方面：一是政府购买审计服务的政策法律依据越来越充足；二是政府购买审计服务的实践越来越丰富；三是关于政府购买审计服务的理论研究越来越多。与此同时，政府购买审计服务存在的问题也逐步显现。关于政府购买审计服务的理论研究，已在第一章进行了回顾，此不赘述。这里从政策法律依据、购买审计服务实践状况和存在的主要问题三个方面简要分析我国政府购买审计服务的现状。[①]

① 关于我国政府购买审计服务的现状，本书后面的章节还将结合相关数据进行详细分析，此处仅做简要阐述。

从前文对我国政府购买审计服务发展历程的梳理可见，我国政府购买审计服务的政策法律依据经历了从无到有、从少到多的过程。这些政策法律依据可以分为两大类：一类是关于政府购买服务的政策法律文件，另一类是关于政府购买审计服务的政策法律文件，具体如表 2－1 所示：

表 2－1　我国政府购买审计服务相关政策法律文件一览表

文件内容分类	实施时间	颁布主体	政策法律文件名称
政府购买服务类政策法律文件	2000 年 1 月	全国人民代表大会常务委员会	《中华人民共和国招投标法》（2000 年 1 月 1 日施行，2017 年修订）
	2003 年 1 月	全国人民代表大会常务委员会	《中华人民共和国政府采购法》（2003 年 1 月 1 日施行，2014 年修订）
	2012 年 2 月	国务院	《中华人民共和国招投标法实施条例》
	2012 年 11 月	民政部、财政部	《关于政府购买社会工作服务的指导意见》
	2013 年 9 月	国务院	《关于政府向社会力量购买服务的指导意见》
	2014 年 12 月	财政部	《政府采购竞争性磋商采购方式管理暂行办法》
	2015 年 1 月	财政部、民政部、工商总局	《政府购买服务管理办法（暂行）》
	2015 年 3 月	国务院	《中华人民共和国政府采购法实施条例》
	2017 年 7 月	财政部	《政府采购货物和服务招标投标管理办法》（2017 年修订，2004 年同名文件废止）
	近年来	各地方政府	各地方政府购买社会服务相关政策办法

续表

文件内容分类	实施时间	颁布主体	政策法律文件名称
政府购买审计服务类政策法律文件	1997 年 10 月	国务院	《中华人民共和国审计法实施条例》(1997 年 10 月发布实施，2010 年修订)
	2001 年 12 月	审计署	《关于严禁通过社会审计组织获取非法收入的通知》
	2006 年 6 月	审计署	《审计署聘请外部人员参与审计工作管理办法》
	2009 年 10 月	国务院	《关于加快发展我国注册会计师行业的若干意见》
	2011 年 1 月	审计署	《中华人民共和国国家审计准则》
	2014 年 10 月	第十八届四中全会	《中共中央关于全面推进依法治国若干重大问题的决定》
	2014 年 10 月	国务院	《国务院关于加强审计工作的意见》
	2015 年 12 月	中共中央、国务院	《关于完善审计制度若干重大问题的框架意见》
	2015 年 12 月	中共中央、国务院	《关于实行审计全覆盖的实施意见》
	2018 年 3 月	审计署	《审计署关于内部审计工作的规定》
	2018 年 5 月	审计署	《审计署政府购买服务指导性目录》
	2019 年 5 月	中国内部审计协会	《第 2309 号内部审计具体准则——内部审计业务外包管理》
	近年来	各省、自治区、直辖市人大常委会	各省、自治区、直辖市审计条例
	近年来	相关地方审计机关	相关地方审计机关购买社会审计服务办法

从表 2－1 可见，我国政府购买审计服务的政策法律依据已经基本完善，既有党中央、国务院的政策依据，又有法律、行政法规、地方性法规、行政规章等层级的法律规范依据。但遗憾的是，《中华人民共和国审计法》中却没有明确规定，审计署也没有制定统一的

审计机关购买审计服务管理办法；此外，内部审计协会制定的《第2309号内部审计具体准则——内部审计业务外包管理》对于规范政府内部审计外包的权威性有待商榷[①]，最好由审计署在《审计署关于内部审计的规定》之外，另行制订一个关于内部审计外包的规定。

近年来，受政策法律因素的影响，政府购买审计服务的种类和范围在扩大，数量和频率在增长。购买主体涉及政府审计机关、财政部门、国资委、交通运输部门、卫生部门、体育部门、学校、医疗机构等，购买审计服务的审计业务范围也比较广泛，包括预决算执行和财政财务收支审计、工程项目审计、财政专项资金审计、经济责任审计、住房公积金审计、医疗专项资金审计等数十个类别。关于当前我国政府购买审计服务的种类、范围、数量和频率等问题，本书第三章将进行详细分析。

随着政府购买审计服务的实践不断丰富，其中的问题也逐渐显现，比如：政策法律依据还需进一步完善，购买服务的业务种类和范畴需要进一步明确，购买的方式和程序不够完善，实施审计服务过程中存在较大风险，控制审计质量的措施需要进一步加强，购买方和承接方的责任承担规则需进一步明确等。这些内容将在本书相关章节详细阐述，这里就不重复。

第二节　理论基础

一、现有相关理论基础简论

1. 新公共管理理论

20世纪70年代末以来，西方发达资本主义国家开始实行政府

① 内部审计协会作为行业协会，毕竟属于民间团体组织，用协会制定的准则来规范政府行为，恐难以有效发挥作用。

改革，一改之前仅仅重视政府管理“效率”的模式，开始更加关注服务质量和社会公众满意度；新的管理模式将市场竞争机制引入公共服务领域，借鉴私营管理、合同管理等市场化方式来提高政府管理能力以及公共服务质量，以市场化的思路精简政府职能，这就是新公共管理理论。英国著名公共管理学家胡德教授（Hood，1991）将新公共管理的特质归纳为七点①，包括引入竞争机制，推行绩效管理的理念，强调产出把控，实现资源的有效整合，强调各类资源的有效开发与利用，在公共部门中实施专业化管理，强调以学习的态度看待私营部门的有效管理方法等方面。

新公共管理理论的提出为政府向社会力量购买审计服务提供了理论基础与方法指引（张雪菲，2018）。政府购买审计服务，可以将政府视为一个市场主体，即服务的需求方，而将承接审计服务的社会机构视为另一个市场主体，即服务的供给方。在两者之间引入市场竞争方式，让服务提供者开展公平的市场竞争，一方面能够促使审计服务供给方提高服务质量；另一方面，也有利于审计服务需求方选择更高质量的服务提供者，促进审计服务市场的健康发展。

2. 交易成本理论

诺贝尔经济学奖得主罗纳德·科斯（Ronald Coase）在1937年提出交易成本理论，也被称为交易费用理论，其根本论点是对企业本质加以解释，认为企业是追求经济效率所形成的组织体，该理论的内容包括成本分类、成本原因及成本特性等方面。②

Williamson对交易成本理论进行了拓展，认为组织向外部购买商品或服务是降低交易成本的手段之一，当交易活动的市场成本大于

① Hood C. A public management for all seasons?[J]. Public Administration，1991，69（1）：3-19.

② Coase R H. The nature of the firm [J]. Economica，1937，4（16）：386-405.

内部交易成本时，则该项活动应全部或部分地在组织内部进行，否则就应在组织外部进行[①]。就政府满足自身的审计需求而言，在自制和购买社会审计服务两种选择中存在三种成本：生产成本、谈判成本和机会主义成本（Vining 和 Globerman，1999）[②]。

审计业务就是审计交易（贾云洁，2014；郑石桥，2015）。政府购买审计服务，一方面会降低生产成本，另一方面会增加谈判成本和机会主义成本，审计业务自制成本 = 生产成本，政府购买审计服务成本 = 外购价格 + 谈判成本 + 机会主义成本，所以，当政府购买审计服务的市场成本大于内部自制成本时，该项活动就应当由政府“自制”，否则就“外包”——这是交易成本理论应用到政府购买审计服务中的基本原理。

3. 协同治理理论

“协同”论亦称“协同”学（synergetics），最先由著名物理学家、德国斯图加特大学教授哈肯（Hermann Haken）创立并提出。哈肯教授认为一个系统中的各子系统在一定条件下能通过某种途径进行有机协作，最终创造出个体所不具备的新功能，实现“1 + 1 >2”的系统增值效应。[③] 20 世纪 70 年代中后期在多学科领域的研究基础上兴起并被广泛应用，逐渐将研究范围扩展到经济学、政治学、管理学等不同学科领域。

“治理”这一概念最早出现于世界银行 1989 年的年度报告中。而对“治理”概念作出最为权威的定义是全球治理委员会于 1995 年发表的研究报告中提出的，该报告将“治理”定义为“各种公

① Williamson O E. Transaction – cost economics：the governance of contractual relations [J]. Journal of Law and Economics，1975，22（2）：230 –256.

② Vining A，Globerman S A. A conceptual framework for understanding the outsourcing decision [J]. European Management Journal，1999，17（6）：645 –654.

③ Haken H. Synergetics：An Introduction [M]. Berlin：Springer – Verlag，1977.

共的或私人的机构管理其共同事务的诸多方式的总和”。随着政府职能改革的深入，为了解决涉及政治、经济、社会等多学科领域的现实问题，在新公共理论的基础上衍生出了治理理论（governance theory）。

协同治理理论（collaborative governance）就是以协同论和治理理论为依托形成的一种交叉性学科理论。

国家治理大系统下国家审计、内部审计和注册会计师审计作为三个子系统存在着不可分割的联系，三者相互作用、相互影响，根据协同治理理论，国家治理系统需要国家审计、内部审计和社会审计的相互协作与支持，三者的协同必然有助于实现国家治理大系统的增值效应。因此，通过政府购买社会审计服务的方式将社会审计引入到公共治理环节，将形成国家审计、内部审计和注册会计师审计协同配合、共同作用的审计监督机制，提升国家治理系统效能。

4. 公共受托经济责任理论

我国著名会计学家、会计思想家和教育家杨时展先生说：“审计这个概念首先要体现人民的意志……资产阶级国家的审计机关是资产阶级国家机器的一部分，是维护资产阶级利益的，目的在于巩固资产阶级专政。我们的审计工作代表人民的利益，体现人民的意志，是为人民服务的，目的在于巩固无产阶级专政。这是我国审计与资本主义国家审计本质上的区别。”① 国家审计本质理论中的“公共受托责任理论”充分体现了以人民为中心的发展思想。按照杨时展先生在《国家审计的本质》一文中所阐述的，在我国，一切权力属于人民，人民代表受人民委托组成了国家权力机关；国家权力机关制定法律并选举产生国家机关及其公职人员，人民（委

① 节选自1983年12月12日杨时展先生在湖北省审计局、湖北财经学院、湖北省会计学会举办的学术报告会上所做的题为“国家审计的本质问题”的报告。

托人）通过这种形式将公共资金（资产）委托给国家及其各类公职人员（受托人）进行管理，国家审计就是代表人民验证受托人履行受托责任情况的专门专业行为。

国家审计机关和政府内部审计机构也是受人民的委托开展审计工作的，按照法理，受托人应当亲自处理委托事务。经委托人同意，受托人可以转委托；所谓转委托是受托人把本应由自己亲自处理的委托事务交给他人处理的行为。审计机关和内部审计机构购买社会审计服务，实质上是将本应由人民委托的审计工作“转委托”给社会审计机构来完成，因此必须经过委托人——人民的同意。按照马克思主义的观点，“人民”是一个政治概念，一般是指整个国家所有人中除去“犯罪分子”之外的社会大众。“人民”无法针对具体的“转委托”事项进行表态或表决，只有通过特定形式——法律来表达自己的意志。因此，政府要购买审计服务，必须有充足的政策法律依据，获得人民的明确充分授权或同意。

5. 免疫系统论

“免疫系统论”将国家审计的功能表述为抵御、预防和揭示三个方面。国家审计的揭示功能是指通过一定的方法和途径向委托人（人民）披露和公开受托人履行受托责任情况的特性和功能；国家审计的抵御功能是指通过处理处罚、提出审计建议等方式促进健全制度、规范机制、完善体制，防止国家、集体和人民群众利益受到损害；国家审计的预防功能是指国家审计凭借其内生性的威慑作用及其独立性的优势，对危害国家、集体和人民群众利益的行为进行震慑，及时发现苗头性、倾向性问题并发出预警的特性和功能。

“免疫系统论”一经提出，便立即引起了审计界的密切关注。到目前为止，已经将国家审计的“免疫系统论”的观点运用到企业、高校、金融、社会保障、财政等各个专项审计工作方面。“免疫系统”论借鉴了人体“免疫系统”的三大基本功能及其作用的基本原理，并将其原理灵活运用到审计工作中，认为审计工作对组织实现正常的运转也具有揭示、抵御和预防的三大基本作用。运用在国家审计工作上的“免疫系统论”原理，在政府内部审计工作上，同样也能发挥相似的功能，可以将政府内部审计看作政府内部的“免疫系统”。[①]

“免疫系统论”借用医学上的概念，把国家治理比作人体这个大系统，国家审计就是这个大系统中一个内生的具有预防、揭示和抵御功能“免疫系统”，政府内部审计是政府内部的“免疫系统”。当这一“免疫系统”无法独自承载其应当发挥的部分功能或某部分功能需要强化时，需要借助外界可以借助的力量（比如补充自身所缺乏的某种“营养元素”等）。在审计全覆盖的政策导向下，政府审计机关和内部审计机构无法独自完成“审计监督全覆盖”的免疫功能，因此需要借助社会审计力量，增强“免疫功能”。

二、本书研究的理论基础整合与重构

已有文献在阐述政府购买审计服务的理论基础时，大多只述及交易成本理论、新公共管理理论、协同治理理论，而且都是单独地分析每个理论与研究主题的关系，没有将各个理论进行整合。本书尝试引入公共受托经济责任理论和免疫系统论，并将这些基础理论按照其对研究主题的支撑效力进行整合，重构一个能够全面解释政府购买审计服务的理论基础体系。

按照马克思主义的观点，“共性”和“个性”总是辩证统一、相辅相成的。“审计服务”与政府购买的其他服务相比，具有共同的“公共服务”属性，关于政府购买审计服务与其他服务的“共

① 在本书写作过程中，本书作者曾访谈过一些审计实务专家，有专家表示，其实国家审计也可以看作整个国家的“内部审计”。

性”问题研究，需要有“共性”的理论基础；与此同时，“审计服务”与政府购买的其他服务相比，具有极强的专业性和监督属性，这是其有别于其他服务的“个性”所在，欲有效解释其“个性”问题，必须有专属于审计领域的“个性”理论基础支撑。

在前述五个理论基础中，交易成本理论、新公共管理理论、协同治理理论能够解释政府购买审计服务与政府购买其他服务的“共性问题”，如：交易成本理论解释了购买审计服务的一般动因，新公共管理理论解释了购买审计服务应按照政府采购的规则和程序进行，资源整合理论解释了国家审计、政府内部审计与社会审计应进行有效整合，共同发挥审计监督作用，实现审计全覆盖。

而对于政府购买审计服务的“个性”问题，交易成本理论、新公共管理理论和协同治理理论是难以解释清楚的。而公共受托经济责任理论和免疫系统论能够较好地解释了政府购买审计服务的个性问题。

公共受托经济责任理论能够解释政府购买审计服务的合法性，为什么必须有效力等级足够的政策法律明确授权方能实施购买审计行为，以及政策法律因素对政府购买审计服务的驱动作用。如前所述，法律是人民意志的体现，只有人民通过政策法律对审计机关和内部审计机构充分授权，审计机关和内部审计机构才能将认为委托的审计工作“转委托”为社会审计机构。

免疫系统论能够解释政府购买审计服务动因中交易成本原则的例外：专属性强的审计业务，即使成本再高，都应当自行完成。也能够解释政府购买审计服务过程中购买方和承接方的职责划分原则：政府购买审计服务，实质上是“免疫系统”借助外界力量，“借助”并非全部“转让”，最终发挥免疫功能的仍旧是自身的“免疫系统”，因此，“服务”可以购买，但“责任”不能外包，在社会审计机构实施审计服务时，审计机关与内部审计机构应当全程指导、跟进和监督，对于社会审计机构提供的审计结果，如果审计机关与内部审计机构采纳并形成审计意见，其责任应由审计机关或内部审计机构承担。

在审计全覆盖背景下，我国政府购买审计服务的理论基础可以表述为：以“免疫系统论”为核心、以公共受托经济责任理论等其他相关理论为辅助的理论体系。重构的理论基础体系如图2－1所示：

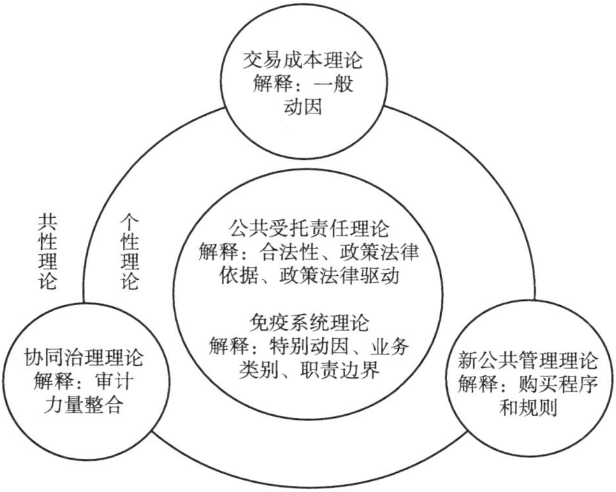

图2－1　重构的政府购买审计服务研究理论基础体系

第三章

审计全覆盖背景下政府购买审计服务动因的实证研究

简而言之，“动因”就是行动的原因或行为的驱动因素，用来解释特定主体为什么会实施某种行为。政府购买审计服务的动因，就是指政府选择购买社会审计服务的原因或驱动因素。

本书认为，在审计全覆盖背景下，政府购买审计服务的主要动因至少可以从两个层面进行解构：第一个层面是宏观的国家要求即政策法律驱动层面，国家通过制定政策要求实现“审计全覆盖”、通过法律规定授权政府适当购买社会审计服务、整合审计资源，这成为政府购买审计服务的顶层驱动因素；第二个层面是具体的审计机关和内部审计机构需求层面，审计机关和内部审计机构对完成繁重审计工作任务的追求，通过社会审计力量参与来弥补自身人员数量和专业素质不足的现实需要，对降低交易成本和提高审计质量的追求等方面因素是政府购买审计服务的直接驱动因素。

现有文献中关于政府购买审计服务动因方面的研究不多，且以规范研究为主。本章将对政府购买审计服务的动因进行实证分析与检验。针对政策法律驱动因素，本章主要验证“审计全覆盖”政策对政府购买审计服务的驱动作用；针对审计机关和内部审计机构需求层面，本章主要以专业性较强的审计业务为例，验证交易成本因素对政府购买审计服务的驱动作用。

第一节　理论分析与研究假设

按照公共受托经济责任理论，政府公职人员受人民的委托管理国家财产、履行公共职责，审计机关和政府内部审计机构对政府公职人员履行公共受托经济责任情况进行审计，这种“审计”的权力与职责同样来自人民的委托。按照法理分析，审计机关和政府内部审计机构若要将“审计业务”转委托给社会审计机构，必须经过委托人“人民”的同意。在我国，法律是统治阶级——人民意志的体现，必须有法律的“明确授权”，政府才能去购买审计服务。

与此同时，在中国特色社会主义法治理论与实践体系下，党的领导是全面推进依法治国、加快建设社会主义法治国家最根本的保证[①]。党对法治的领导往往通过先制定政策、再依据政策制定法律的形式实现。党的政策影响法律的制定与实施，是立法的重要依据和政治导向。由于党长期坚持“全心全意为人民服务”的宗旨，践行“以人民为中心”的发展思想，始终将“为中国人民谋幸福、

① 参见《中共中央关于全面推进依法治国若干重大问题的决定》。

为中华民族谋复兴”作为自己的初心和使命①，党的意志与人民的意志在根本上是一致的。政策是党的意志的重要体现和载体，党的政策对政府购买审计服务进行认可，与人民的“授权”是等效的。

2013 年 10 月 8 日，李克强总理首次提出要实现“审计全覆盖”，拉开了“审计全覆盖”新时代的帷幕。2014 年 10 月 9 日，国务院发布《国务院关于加强审计工作的意见》正式提出“审计全覆盖”，指出“根据审计项目实施需要，探索向社会购买审计服务”。2014 年 10 月 20—23 日召开的十八届四中全会，审议通过了《中共中央关于全面推进依法治国若干重大问题的决定》，其中指出要完善审计制度，对公共资金、国有资产、国有资源和领导干部履行经济责任情况实行审计全覆盖。2015 年 12 月 8 日中共中央、国务院出台的《关于完善审计制度若干重大问题的框架意见》与 3 个配套文件提出实行审计全覆盖的具体意见。

“审计全覆盖”政策在国家层面对我国政府购买社会审计服务的实践予以肯定和鼓励，这势必进一步刺激政府对社会审计服务的需求，推动政府购买社会审计服务的探索。另外，“审计全覆盖”政策要求实现审计监督全覆盖，明确指出要整合审计资源，加强对内部审计的指导，向社会购买审计服务。当前，国家审计机关和内部审计机构都面临着人员不足、相关专业素质不够等困难，单就政府审计而言，面对“审计全覆盖”的目标，政府审计资源有些“捉襟见肘”。据《中国审计年鉴（2017）》的统计数据，截至 2016 年，我国共有国家审计人员 100557 人，但使用财政资金的单位至少有 300 万个（苏欣，2017），2008—2015 年政府审计机关仅对国资委和财政部

① 习近平总书记在 2019 年 8 月 1 日出版的第 15 期《求是》中发表重要文章《牢记初心使命，推进自我革命》，文章指出，我们党是用马克思主义武装起来的政党，始终把为中国人民谋幸福、为中华民族谋复兴作为自己的初心和使命，并一以贯之体现到党的全部奋斗之中。

监管的118家中央企业中的57家进行过审计，对中央部委所属的94家企业几乎从未进行过审计，对国有企业境外（不含中国香港、中国澳门）机构和投资从未进行过审计（蔡春，2015）。为了实现“全覆盖”的目标，向社会购买审计服务成为必然选择。

因此，可以说，政策法律因素是政府购买审计服务的最重要驱动因素。立足本书的研究背景，“审计全覆盖”政策的实施必定对政府购买审计服务产生重大影响。因此，提出如下假设：

H3－1：审计全覆盖政策促进了政府购买审计服务

如果H3－1成立，审计全覆盖政策促进了政府购买审计服务，那是否意味着政府会将所有的审计业务都委托给社会审计机构实施？政府更愿意选择哪些类型的审计业务去购买社会审计服务？这就涉及政府购买审计服务的具体动因问题。政府在考虑审计业务到底是自主实施还是购买社会审计服务时，需要考虑多种因素，按照已有研究来看，按照我国现行相关法律、法规规定，我国政府的审计业务经费受当地政府财政预算的限制，是有限的，而且往往是不足的，“交易成本”是政府选择将审计业务“自制”或“外包”的重要考量因素。

按照交易成本理论，业务外包是降低交易成本的手段，当交易活动的市场成本大于内部交易成本时，则该项活动应全部或部分地在组织内进行，否则就应在组织外部进行（Willianmson，1975）[①]。郑石桥（2015）研究提出，政府购买审计业务的驱动因素就是降低交易成本，当审计业务的市场成本大于内部交易成本时，则该项活动应由审计机关自行完成（自制），否则就外包。[②]

---

① Williamson O. E. Transaction－cost Economics：the Governance of Contractual Relations［J］. Journal of Law and Economics，1975（22）：230－256.

② 参见郑石桥．交易成本、审计主题和政府审计业务外包［J］．会计之友，2015（7）：130－136. 郑石桥教授提出，这里的交易成本包括生产成本、谈判成本和机会主义成本之和。

“审计全覆盖”政策施行后，国家审计机关与政府内部审计机构承担的审计工作不但范围迅速扩大，而且业务种类和复杂性也急剧提升，这对国家审计机关和内部审计机构审计人员的知识储备和专业技能提出了更高的要求。以国家审计机关和政府内部审计机构现有的人才储备情况而言，缺乏足够的专业技术人员以满足“审计全覆盖”背景下愈发复杂的审计项目需求。而这些技能的培养与提升，需要付出巨大的时间、财力和人力成本。而社会审计机构具有一大批具有专业特长和技术优势的人才，借助社会审计力量实施专业性较强的审计业务，能够有效降低审计成本，同时提高审计质量。

相对于一般的审计业务，政府投资金额较大的建设项目、外资运用、资源环境等专业性较强的审计业务，其“自制”的成本要远高于“外包”①，因此更容易选择购买审计服务；在审计全覆盖政策影响下，专业性较强的审计业务购买社会审计服务的趋势会越来越明显、比重会逐步加大，因此提出如下假设：

H3－2：在审计全覆盖政策影响下，专业性强的审计业务在政府购买审计服务中的比重显著提高。

第二节　研究设计

一、数据来源与样本说明

本章以2013—2018年各省、直辖市和自治区政府采购审计服务为研究对象，手工从各省、自治区和直辖市政府采购网上收集政

① 政府若自主培养一批这样的专业审计人员，可能需耗费大量的资源和时间，既难以在短时间内满足“审计全覆盖”的目标要求，也不符合现代社会“专业分工”的趋势，而向社会审计机构购买专业审计服务似乎更为理性。

府购买审计服务的采购公告、成交公告以及相关附件，获取了各地方政府采购审计服务的基本信息。各省、直辖市和自治区的 GDP、财政收入、财政支出、会计师事务所数量、被审计的单位数量、审计查出主要问题金额、审计报告和专项审计调查报告数量来自《中国审计年鉴》《中国会计年鉴》和《中国统计年鉴》。市场化指数来自《中国分省份市场化指数报告（2018）》。本章对样本做如下筛选：（1）剔除存在缺失值的样本；（2）对连续变量在 1% 和 99% 分位点进行了缩尾处理（Winsorize）。

二、模型构建与变量定义

对于本章第一个假设，由于样本的限制，难以构建相关模型，故拟采用描述型方式进行验证。而对于 H3－2，本书构建以下回归模型：

$$
\begin{aligned}
PRO = {} & \alpha_0 + \beta_0 \times Year2014 + \beta_1 \times Year2015 + \beta_2 \times Year2016 + \\
& \beta_3 \times Year2017 + \beta_4 \times Year2018 + \beta_5 \times GDP + \beta_6 \times GROW + \\
& \beta_7 \times REV + \beta_8 \times DEF + \beta_9 \times AUD + \beta_{10} \times CPL + \beta_{11} \times ILG + \\
& \beta_{12} \times REP + \beta_{13} \times MI + \xi \qquad (3-1)
\end{aligned}
$$

（一）被解释变量

专业性强的审计服务（*PRO*），若政府公开向社会机构采购的审计服务属于“投资”“工程”“外资”“资源”和“环境”类型，则认为政府采购的审计服务属于专业性强的审计服务，取值为 1；否则认为政府采购的审计服务不属于专业性强的审计服务，取值为 0。

（二）解释变量

2014 年（*Year*2014），虚拟变量，若 *Year*2014 的回归结果显著为正，则表明相比 2013 年，地方政府在 2014 年购买了更多的专业性强的审计服务。

2015 年（*Year*2015），虚拟变量，若 *Year*2015 的回归结果显著

为正，则表明相比2013年，地方政府在2015年购买了更多的专业性强的审计服务。

2016年（*Year*2016），虚拟变量，若*Year*2016的回归结果显著为正，则表明相比2013年，地方政府在2016年购买了更多的专业性强的审计服务。

2017年（*Year*2017），虚拟变量，若*Year*2017的回归结果显著为正，则表明相比2013年，地方政府在2017年购买了更多的专业性强的审计服务。

2018年（*Year*2018），虚拟变量，若*Year*2018的回归结果显著为正，则表明相比2013年，地方政府在2018年购买了更多的专业性强的审计服务。

（三）控制变量

所有控制变量均为滞后一年的数据，其中，地区生产总值（*GDP*），省、直辖市和自治区*GDP*的自然对数，以控制当地经济发展水平对当地政府购买审计服务的需求和意愿的影响。经济增长情况（*GROW*），省、直辖市和自治区GDP增长率，以控制当地经济增长情况对当地政府购买审计服务需求和意愿的影响。财政收入（*REV*），省、直辖市和自治区"财政收入"比GDP，以控制当地财政收入对当地政府购买审计服务的需求和意愿的影响。财政盈亏情况（*DEF*），省、直辖市和自治区"财政支出"比"财政收入"，以控制当地财政收支盈亏情况对当地政府购买审计服务的需求和意愿的影响。事务所数量（*AUD*），省、直辖市和自治区"会计师事务所数量"的自然对数，以控制可供当地政府可选择的当地会计师事务所的数量对当地政府购买审计服务的需求和意愿的影响。业务规模（*CPL*），省、直辖市和自治区"被审计的单位数量"，即当地审计机关当年完成审计对象的数量，以控制当地政府审计业务规模对当地政府购买审计服务的需求和意愿的影响。业务复杂程度

(*ILG*)，省、直辖市和自治区“审计查出主要问题金额”的自然对数，即当地审计机关在执行审计业务过程中发现存在重大问题的事项所涉及的金额，以控制当地政府审计业务复杂程度对当地政府购买审计服务的需求和意愿的影响。报告数量（*REP*），省、直辖市和自治区“审计报告和专项审计调查报告”比“被审计的单位数量”，即当地政府当年公布的审计报告和专项审计调查报告的数量比当地审计机关当年完成审计对象的数量，以控制当地政府所需出具的审计报告数量对当地政府购买审计服务的需求和意愿的影响。市场化指数（*MI*），樊纲市场化指数，以控制当地市场化发展程度对当地政府购买审计服务的需求和意愿的影响。变量定义见表3－1。

表3－1　变量定义

变量类型	变量符号	定义
被解释变量	*PRO*	虚拟变量，若采购服务属于“投资”“工程”“外资”“资源”和“环境”类，则判断为专业性强的审计服务，取值为1，否则取值为0
解释变量	*Year*2014	2014年度虚拟变量
	*Year*2015	2015年度虚拟变量
	*Year*2016	2016年度虚拟变量
	*Year*2017	2017年度虚拟变量
	*Year*2018	2018年度虚拟变量
控制变量	*GDP*	省、直辖市和自治区GDP的自然对数
	GROW	省、直辖市和自治区GDP增长率
	REV	省、直辖市和自治区“财政收入”比GDP
	DEF	省、直辖市和自治区“财政支出”比“财政收入”
	AUD	省、直辖市和自治区“会计师事务所数量”的自然对数
	CPL	省、直辖市和自治区“被审计的单位数量”

续表

变量类型	变量符号	定义
控制变量	*ILG*	省、直辖市和自治区“审计查出主要问题金额”的自然对数
	REP	省、直辖市和自治区“审计报告和专项审计调查报告”比“被审计的单位数量”
	MI	樊纲市场化指数

第三节　实证结果与分析

一、样本分年份、省份和采购方式统计

表3－2呈现了2013—2018年各省、直辖市和自治区按照招标、竞争性磋商、竞争性谈判、询价或单一来源采购审计服务的基本情况。总体来看，我国地方政府采购审计服务呈现快速增长的趋势。由2013年的57项增长至2018年的865项，短短5年间增幅约1417.54%，展现出惊人的成长速度，这在一定程度上表明政府采购审计服务具有蓬勃的生命力，既能缓和政府审计业务量大且业务复杂与政府审计人员储备不足之间的矛盾，又能扩大社会中介机构的业务范围，有效利用闲置社会资源，促进社会中介机构的健康发展。从各省、直辖市和自治区采购审计服务的情况看，2013—2018年广西、山西和河南政府采购审计服务的数量最多，分别为320项、245项和232项。西藏、辽宁、江西和福建政府采购审计服务的数量最少，分别为9项、11项、15项和15项。从政府采购审计服务的方式看，2013—2018年各省、直辖市和自治区政府使用招标方式采购的审计服务的数量最多，达1606项，约占总数的

表 3-2　　年份、省份和采购方式政府采购审计服务分布

采购方式	公开招标							竞争性磋商							竞争性谈判						
省份＼年份	2013	2014	2015	2016	2017	2018	合计	2013	2014	2015	2016	2017	2018	合计	2013	2014	2015	2016	2017	2018	合计
安徽		15	7	11	42	2	77			2	12	14	17	45		1	18	16	3	2	40
北京				122	9	21	152					3	1	4							0
重庆	4			1		11	16			3	1	24	10	38	2	13	9	14	5	3	46
福建					4	8	12						1	1						2	2
广东			12	41	10		63			3	4			7							0
甘肃	1	1	3	15	2	6	28			4	3		5	12			1		3	1	5
广西	16	16	47	35	43	15	172			7	26	23	30	86	8	15	16	10	9	4	62
贵州					5	8	13					2	1	3			5	1		1	7
海南				17	31	60	108					1	14	15					1		1
河北						16	16				8	17	31	56							0
河南					58	122	180					2	23	25					6	18	24
湖北			5	4	13	22	44				25	19	17	61			3	60	19	18	100
湖南				9	13	12	34				1	4	4	9				4	13	11	28
吉林					2	5	7						5	5						6	6

续表

采购方式	公开招标							竞争性磋商							竞争性谈判						
省份＼年份	2013	2014	2015	2016	2017	2018	合计	2013	2014	2015	2016	2017	2018	合计	2013	2014	2015	2016	2017	2018	合计
江西							0						13	13						2	2
黑龙江	2	2		48	1	1	54			3	2	9	11	25			4	6	2	6	18
辽宁					3	1	4					3	1	4						3	3
内蒙古		18	9	21	32	36	116				1	2	22	25			2	4	1		7
青海				2	8	10	20				3	2	8	13					1		1
四川		46	52	35			133			1	4	5		10			2	6			8
山东			10	1	19	18	48			1	1	2	6	10		3	2			2	7
上海	11	18	27	28	45	27	156			5			5	10	10	5	2				17
山西		4	3	4	27	7	45							0	3	20	76	58	32	11	200
天津					16	2	18				3	24	38	65					4		4
西藏						9	9							0							0
云南					19	14	33					2	9	11					4	3	7
浙江			2	16	6	13	37					7	9	16							0
陕西		2	5	2	1	1	11			4	20	17	14	55		2					2
合计	34	122	182	412	409	447	1606	0	0	33	114	182	295	624	23	59	140	179	103	93	597

续表

采购方式	询价							单一来源							总计
省份＼年份	2013	2014	2015	2016	2017	2018	合计	2013	2014	2015	2016	2017	2018	合计	
安徽		10		1			11							0	173
北京				2			2							0	158
重庆			1	1		3	5							0	105
福建							0							0	15
广东							0							0	70
甘肃							0							0	45
广西							0							0	320
贵州							0							0	23
海南							0							0	124
河北							0							0	72
河南						1	1					1	1	2	232
湖北						1	1					2		2	208
湖南					1	2	3				4	3	2	9	83
吉林							0							0	18
江西							0							0	15

续表

采购方式	询价							单一来源							总计
省份 \ 年份	2013	2014	2015	2016	2017	2018	合计	2013	2014	2015	2016	2017	2018	合计	
黑龙江				1		13	14							0	111
辽宁							0							0	11
内蒙古		1			10	6	17							0	165
青海							0							0	34
四川							0							0	151
山东			1				1					3	1	4	70
上海			2				2							0	185
山西							0							0	245
天津							0							0	87
西藏							0							0	9
云南							0							0	51
浙江					1		1							0	54
陕西			1	1			2							0	70
合计	0	11	5	6	12	26	60	0	0	0	4	9	4	17	2904

注：省份－年度 Chi2（135）＝1834.69，省份－采购方式 Chi2（108）＝2039.01，年度－采购方式 Chi2（20）＝338.89。

55.30%。各地政府使用单一来源方式和询价方式采购的审计服务的数量最少，仅17项和60项，约占总数的0.59%和2.07%。各地政府使用竞争性磋商方式和竞争性谈判方式采购审计服务的数量较为接近，分别为624项和597项，约占总数的21.49%和20.56%①。

表3-3呈现了2013—2018年各地政府采购审计服务数量的年度变化趋势。总体而言，2014年各地政府购买审计服务数量为192项，相对于2013年的57项，增幅约236.84%，这在一定程度上表明2013年10月8日“审计全覆盖”政策的首次提出对政府购买审计服务的数量有明显正向促进作用。2015年政府购买审计服务数量增长到360项，较之2014年增幅达87.50%，这在一定程度上表明，2014年10月9日“审计全覆盖”政策的正式提出也导致政府购买审计服务的数量有明显增加。2016年政府购买审计服务项目数为715，比2015年也增长了98.61%，而2017年与2016年持平，2018年又有小幅增长，这在一定程度上表明2015年12月8日出台的《框架意见》对政府购买审计服务也产生了显著影响。以上结果与本书的H3-1相一致，说明“审计全覆盖促进了政府购买审计服务”，验证了政策法律因素对政府购买审计服务的驱动作用。

表3-3　　　　政府采购审计服务年度变化趋势

年度	公开招标	竞争性磋商	竞争性谈判	询价	单一来源	合计
2013	34	0	23	0	0	57
2014	122	0	59	11	0	192
2015	182	33	140	5	0	360

① 需要说明的是，本书所展示的数据仅为作者从各省份政府采购网上获取的数据，由于每个省份政府采购审计服务的信息披露程度不同，以及作者搜集数据过程或技术存在一定不足，该数据并非真正的“全部数据”，但具有统计学上的抽样意义。

续表

年度	公开招标	竞争性磋商	竞争性谈判	询价	单一来源	合计
2016	412	114	179	6	4	715
2017	409	182	103	12	9	715
2018	447	295	93	26	4	865
合计	1606	624	597	60	17	2904

二、描述性统计、列联检验

表3－4呈现了本章主要变量的描述性统计。如表3－4所示，*PRO*的平均值为0.276，即平均而言地方政府采购专业性审计服务占采购审计服务总量的27.6%。*REV*的平均值为0.117，即平均而言地方政府财政收入占当地GDP总量的11.7%；*REV*的最大值为0.227，即地方政府财政收入最多占当地GDP总量的22.7%；*REV*的最小值为0.075，即地方政府财政收入最少占当地GDP总量的7.5%。*DEF*的平均值为2.192，即平均而言地方政府财政支出占财政收入的219.2%；*DEF*的最大值为9.051，即地方政府财政支出最多占财政收入的905.1%；*DEF*的最小值为1.074，即地方政府财政支出最少占财政收入的107.4%；可见地方政府大都存在较为严重的财政赤字问题。*AUD*的平均值为5.510，即平均而言全国各省、直辖市和自治区有247.151家会计师事务所；*AUD*的最大值为6.686，即全国各省、直辖市和自治区拥有会计师事务所最多的一地有801家会计师事务所；*AUD*的最小值为3.258，即全国各省、直辖市和自治区拥有会计师事务所最少的一地有26家会计师事务所；可见政府采购审计服务时，可供选择的会计师事务所较为充足。*CPL*的均值为8.199，即平均而言地方审计机关每年需对8.199家政府机构进行审计；*CPL*的最大值为9.759，即平均每一地方审计机关每年最多需对近10家政府机构进行审计；*CPL*的最小值为4.984，即平均每一地方审计机关每年最少需对近5家政府

机构进行审计。*ILG* 的均值为 16.975，即平均而言地方审计机关在审计过程中发现的重大差错的涉案金额总计约 2355.86 万元；*ILG* 的最大值为 18.667，即地方审计机关在审计过程中发现的重大差错的涉案金额总计最多约 12793.08 万元；*ILG* 的最小值为 13.855，即地方审计机关在审计过程中发现的重大差错的涉案金额总计最少约 104.03 万元，可见政府审计的对象蕴含着较多的重大差错，并且差错涉及的金额较大，有必要任用专业的审计师对这些审计对象执行审计工作。*REP* 的均值为 1.208，即平均而言地方审计机关需要对每位审计对象出具 1.208 份审计报告或专项审计调查报告。

表 3-4　　描述性统计

变量	样本量	均值	标准差	最小值	1/4 分位	中位数	3/4 分位	最大值
PRO	2904	0.276	0.447	0.000	0.000	0.000	1.000	1.000
GDP	2904	9.940	0.637	7.178	9.660	9.913	10.311	11.300
GROW	2904	48.497	10.712	33.000	41.782	44.499	53.179	80.556
REV	2904	0.117	0.039	0.075	0.090	0.107	0.129	0.227
DEF	2904	2.192	0.847	1.074	1.719	2.142	2.411	9.051
AUD	2904	5.510	0.663	3.258	4.804	5.724	5.943	6.685
CPL	2904	8.199	0.840	4.984	7.927	8.531	8.762	9.759
ILG	2904	16.975	0.700	13.855	16.643	17.018	17.462	18.667
REP	2904	1.208	0.257	0.449	1.047	1.169	1.290	2.297
MI	2904	7.262	1.653	1.534	6.340	7.129	8.190	11.109

表 3-5 呈现了地方政府购买专业性强的审计服务数量的年度分布和列联检验。如表 3-5 所示，从绝对数量上而言，地方政府购买专业性强的审计服务数量从 2013 年仅 5 项快速增长至 2018 年 276 项，增幅高达 5420%。从相对数量而言，地方政府购买专业性较强的审计服务占地方政府购买审计服务总量的比例由 2013 年 8.77% 增长至 2018 年 31.91%，增幅达 263.85%，尤其是 2016 年

相比基准年2013年有20%比重的差异，而相对于所有政策影响结束前的2015年，也有近10%的比重差。可见，“审计全覆盖”政策后，地方政府购买专业性强的审计服务呈现快速增长的趋势。如表3-5所示，地方政府购买专业性强的审计服务年度列联检验结果Pearson卡方为33.71，在1%水平下显著，说明2013—2018年地方政府购买专业性强的审计服务数量有显著差异。

表3-5　政府采购专业性强审计服务数量年度分布和列联检验

年份	2013	2014	2015	2016	2017	2018	合计
非专业	52	151	287	501	523	589	2103
专业	5	41	73	214	192	276	801
比重（%）	8.77	21.35	20.28	29.93	26.85	31.91	27.58
合计	57	192	360	715	715	865	2904
列联检验结果：Pearson chi2（5）=33.71*** P=0.000							

注：*，**，***分别代表10%、5%和1%水平下显著，下同。

三、多元线性回归分析

表3-6呈现了回归的结果，如第（1）列所示，*Year*2014的回归系数为1.038，在5%的统计水平下显著为正，说明相比2013年，2014年政府购买专业性强审计服务的比重显著增加。*Year*2015的回归系数为0.973，在5%的统计水平下显著为正，说明相比2013年，2015年政府购买专业性强审计服务的比重显著增加。*Year*2016的回归系数为1.491，在1%的统计水平下显著为正，说明相比2013年，2016年政府购买专业性强审计服务的比重显著增加。*Year*2017的回归系数为1.340，在1%的统计水平下显著为正，说明相比2013年，2017年政府购买专业性强审计服务的比重显著增加。*Year*2018的回归系数为1.584，在1%的统计水平下显著为正，说明相比2013年，2018年政府购买专业性强审计服务的比重

显著增加。*Year*2015 - *Year*2014 的系数为 -0.065，不显著，说明相比 2014 年，2015 年政府购买专业性强审计服务的比重没有实质性变化。*Year*2016 - *Year*2015 的系数为 0.518，在 1% 的统计水平下显著为正，说明相比 2015 年，2016 年政府购买专业性强审计服务的比重显著增加。*Year*2017 - *Year*2016 的系数为 -0.151，不显著，说明相比 2016 年，2017 年政府购买专业性强审计服务的比重没有实质性变化。*Year*2018 - *Year*2017 的系数为 0.244，在 5% 的统计水平下显著为正，说明相比 2017 年，2018 年政府购买专业性审计服务的比重显著增加。为缓和潜在干扰因素对回归结果的影响，本书将地区生产总值（*GDP*）、经济增长情况（*GROW*）以及市场化指数（*MI*）等变量纳入回归模型中，对模型（1）进行回归，回归结果如第（2）列所示。在对可能影响政府购买审计服务的因素进行控制后，回归结果没有发生实质性改变。这表明，在审计全覆盖政策影响下，专业性强的审计业务在政府购买审计服务中的比重显著提高，验证了 H3-2；也解释了交易成本因素对政府购买审计服务的驱动作用。

表 3-6　　政府采购专业性强审计服务的年度回归

变量	(1)		(2)	
	PRO	相邻年度检验	*PRO*	相邻年度检验
*Year*2014	1.038** (2.08)	*Year*2015 - *Year*2014 -0.065	0.865* (1.72)	*Year*2015 - *Year*2014 -0.016
*Year*2015	0.973** (2.00)	(-0.30) *Year*2016 - *Year*2015	0.849* (1.73)	(-0.07) *Year*2016 - *Year*2015
*Year*2016	1.491*** (3.14)	0.518*** (3.36)	1.315*** (2.72)	0.466*** (2.61)
*Year*2017	1.340*** (2.82)	*Year*2017 - *Year*2016 -0.151	1.192** (2.45)	*Year*2017 - *Year*2016 -0.122

续表

变量	(1)		(2)	
	PRO	相邻年度检验	*PRO*	相邻年度检验
*Year*2018	1.584*** (3.34)	(-1.29) *Year*2018 - *Year*2017	1.385*** (2.82)	(-0.95) *Year*2018 - *Year*2017
GDP		0.244** (2.19)	-0.329 (-1.36)	0.193 (1.54)
GROW			0.031** (2.35)	
REV			-14.786*** (-4.40)	
DEF			-0.645*** (-4.17)	
AUD			0.497*** (2.76)	
CPL			0.049 (0.36)	
ILG			-0.147 (-1.34)	
REP			-1.317*** (-4.96)	
MI			-0.031 (-0.46)	
常数项	-2.342*** (-5.00)		3.838* (1.75)	
Pse. R^2	0.011		0.049	
N	2904		2904	
Chi^2	36.73		168.94	

注：括号中为 *Z*。

四、稳健性检验

本章使用稳健性标准误的方法对模型（3－1）重新进行回归，检验“审计全覆盖”政策的施行对政府购买专业性强审计服务的影响，回归结果如表 3－7 所示。*Year*2014、*Year*2015、*Year*2016、*Year*2017、*Year*2018、*Year*2016－*Year*2015 的回归系数均显著为正，说明相比 2013 年，政府在 2014—2018 年购买专业性强审计服务的占比存在显著提高；相比 2015 年，政府在 2016 年购买专业性强审计服务的占比存在显著提高，审计全覆盖背景下，政府更愿意将专业性强的审计业务委托给社会审计机构，以降低交易成本，提高审计质量。本章主要结论保持不变。

表 3－7 基于稳健性标准误的专业强审计服务采购的年度回归

变量	(1)		(2)	
	PRO	相邻年度检验	*PRO*	相邻年度检验
*Year*2014	1.038 ** (2.07)	*Year*2015 － *Year*2014 －0.065	0.865 * (1.71)	*Year*2015 － *Year*2014 －0.016
*Year*2015	0.973 ** (2.00)	(－0.30) *Year*2016 － *Year*2015	0.849 * (1.73)	(－0.07) *Year*2016 － *Year*2015
*Year*2016	1.491 *** (3.14)	0.518 *** (3.36)	1.315 *** (2.73)	0.466 *** (2.58)
*Year*2017	1.340 *** (2.82)	*Year*2017 － *Year*2016 －0.151	1.192 ** (2.48)	*Year*2017 － *Year*2016 －0.122
*Year*2018	1.584 *** (3.34)	(－1.29) *Year*2018 － *Year*2017	1.385 *** (2.87)	(－1.00) *Year*2018 － *Year*2017
GDP		0.244 ** (2.19)	－0.329 (－1.34)	0.193 (1.51)
GROW			0.031 ** (2.31)	

续表

变量	(1)		(2)	
	PRO	相邻年度检验	*PRO*	相邻年度检验
REV			-14.786*** (-4.71)	
DEF			-0.645*** (-3.78)	
AUD			0.497*** (2.69)	
CPL			0.049 (0.37)	
ILG			-0.147 (-1.33)	
REP			-1.317*** (-4.77)	
MI			-0.031 (-0.46)	
常数项	-2.342*** (-5.00)		3.838* (1.71)	
Pse. R^2	0.011		0.049	
N	2904		2904	
Chi^2	31.86126		119.1048	

注：括号中为 Robust Z。

第四节　本章结论与讨论

本章以我国各省、直辖市和自治区政府购买社会审计服务为研究对象，考察政府选择购买社会审计服务的动因。研究发现，“审计全覆盖”政策的施行对政府购买审计服务的数量存在明显的正向促进作用，验证了政策法律因素对政府购买审计服务的驱动作用。并且“审计全覆盖”政策施行后，政府更愿意将专业性强的审计服务委托给社会审计机构实施，以降低交易成本、提高审计质量，专业性强的审计业务在政府购买审计服务中的比例显著增加，这解释了交易成本因素对政府购买审计服务的驱动作用。同时，基于稳健性的考虑，本章使用了稳健性标准误的方法重新对模型进了回归，回归结果没有发生实质性改变。

当然，政府是否选择购买审计服务还可能受其他因素的影响，但受样本的限制，无法从现有样本进行实证检验。但为了论证的严谨性，下面将从两个方面进行补充论证分析。

第一，政府购买审计服务中交易成本动因的例外。按照“免疫系统论”的原理，国家审计机关是国家的免疫系统，政府内部审计机构是政府内部的免疫系统。专属于免疫系统的主要“免疫功能”只能依靠自身完成，不能借助于“外力”；哪怕成本再高，都不能“外包”。比如“涉密”的审计业务以及专属于审计机关的“重大政策落实跟踪审计”等，都不宜购买社会审计服务。

第二，站在社会审计机构需求层面，承接审计机关和内部审计机构委托的审计业务是社会审计机构的重要业务与收入来源之一，该利益诉求是政府购买审计业务的间接驱动因素。

新中国成立后，特别是改革开放、推行社会主义市场经济以来，我国社会组织蓬勃发展，到 2016 年年底，全国共有社会团体 33.6 万个，各类基金会 5559 个，民办非企业单位 36.1 万个。就作为社会审计机构主力的会计师事务所而言，截至 2018 年 12 月 31 日，全国有会计师事务所 9000 余家，其中分所 1130 家；全国有注册会计师 10 余万人，会计师事务所审计从业人员 30 余万人；全国会计师事务所2018年度实现业务收入792.54亿元。[①]

会计师事务所能向政府提供的审计业务范围也在不断扩大，财政部（2009）《关于加快发展我国注册会计师行业的若干意见》指出，会计师事务所执业领域大幅度拓展，将医院等医疗卫生机构、大中专院校以及基金会等非营利组织的财务报表纳入注册会计师审计范围；在巩固财务会计报告审计、资本验证、涉税鉴证等业务的基础上，积极向企事业单位内部控制、管理咨询、并购重组、资信调查、专项审计、业绩评价、司法鉴定、投资决策、政府购买服务等相关业务领域延伸。

中国注册会计师协会发布《注册会计师业务指导目录》（如表3-8所示），列举了注册会计师可以向政府提供的审计服务项目81项，涵盖了国家审计委托注册会计师承办的审计业务、内部审计外包给注册会计师的审计业务以及各类政府部门专项审计项目。

表3-8　　《注册会计师业务指导目录》（节选）

序号	业务名称	业务内容	委托人	主要法律依据
113	医改资金使用审计	对国家医疗改革中投入的医改资金使用情况及其效率进行审计	中华人民共和国境内各级各类独立核算的公立医疗机构；具体履行财政资金拨付职能的财政部门；卫生主管部门	《关于完善政府卫生投入政策的意见》《关于注册会计师行业积极做好医药卫生体制改革专业服务工作的指导意义》
114	医院财政补助专项审核	针对医院等医疗卫生机构接受财政补助情况及其使用效率予以审计	中华人民共和国境内各级各类独立核算的公立医疗卫生机构；具体履行财政资金拨付职能的财政部门；卫生主管部门	《关于完善政府卫生投入政策的意见》《关于注册会计师行业积极做好医药卫生体制改革专业服务工作的指导意见》

① 数据来源于中注协公布的《2018年度业务收入前100家会计师事务所信息》。

续表

序号	业务名称	业务内容	委托人	主要法律依据
115	医疗保险基金专项审计	针对城镇职工和城镇居民医疗保险基金的筹集、管理、使用和结存情况予以鉴证	财政部门、卫生部门、人力资源和社会保障部	《关于进一步加强基本医疗保险基金管理的指导意见》
116	乡镇政府及其各部门审计	针对乡镇政府及其各部门的财务收支及其财经纪律予以鉴证	审计局	《行政单位财务规则》《事业单位会计准则》《事业单位会计制度》《事业单位财务规则》《行政事业单位内部控制规范（试行）》
117	村级财务审计	针对村级财务收支及其财经纪律予以鉴证	乡政府，村组	《行政单位财务规则》《事业单位会计准则》《事业单位会计制度》《事业单位财务规则》《行政事业单位内部控制规范（试行）》
118	农村基层干部工作纪律审计	针对农村基层干部执行财经纪律情况进行专项检查，为纪检部门提供违纪线索	各级纪检委	《全省农村基层干部执行财经纪律情况专项检查工作方案》
119	财政科技经费（课题经费）专项审计	针对财政科技经费使用情况及其效率予以审计	863计划专项经费、973计划专项经费、中央财政科技经费的监管者及各级科委	《关于改进和加强中央财政科技经费管理若干意见的通知》《国家高技术研究发展计划（863计划）专项经费管理办法》《国家重点基础研究发展计划专项经费管理办法》《科研课题管理办法》
120	行政事业单位专项资金审计	针对行政事业单位专项资金予以审计	财政部门、预算执行单位	《审计法》《审计署聘请外部人员参与审计工作管理办法》

续表

序号	业务名称	业务内容	委托人	主要法律依据
121	政府及其职能部门委托注册会计师的其他专项审计	注册会计师利用专业知识及其累计的经验和声誉对企业、行政事业单位、社会团体等违反财政法律纪律等事项进行专项审计，如小金库审计、职工工资薪酬审计等	财政部门及其他行政职能部门	《政府及其职能部门依法行政的程序规定》
122	政府性债务审计	针对各级政府负有偿还责任的债务进行审计	审计署及其派出机构	《地方政府性债务审计工作方案》
123	公共资源审计	政府会计及其政府绩效评价改革中，需要对一个国家所拥有的公共资源进行摸底、定价和提高其使用效率	相关职能部门	《政府及其职能部门依法行政的程序规定》
124	预算支出（财政支出）项目绩效审计	对行政事业单位财政专项资金（财政支出）项目的绩效进行审计	财政部门、预算单位	《财政支出绩效评价管理暂行办法》《中央部门预算支出绩效考评管理办法（试行）》
125	财政投资评审	对财政投资项目情况及其绩效进行审计	财政部门	《财政投资评审管理规定》

续表

序号	业务名称	业务内容	委托人	主要法律依据
186	医院等医疗卫生机构年报审计	对包括综合医院、中医院、专科医院、门诊部（所）、疗养院等各级政府举办的公立医院等医疗卫生机构的年度财务报表审计	中华人民共和国境内各级各类独立核算的公立医疗机构；具体履行财政资金拨付职能的财政部门；卫生主管部门	《关于完善政府卫生投入政策的意见》《关于注册会计师行业积极做好医药卫生体制改革专业服务工作的指导意见》《事业单位财务规则》《医院财务制度》《医院会计制度》《省关于建立公立医院注册会计师审计制度的通知》
194	小金库的专项审计	对国家行政机关及其内设机构、国有及国有控股企业、事业单位是否设立“小金库”或者使用“小金库”款项行为予以专项查证，并出具报告	人力资源社会保障部、财政部、审计署	《关于深入开展“小金库”治理工作的意见》《设立“小金库”和使用“小金库”款项违法违纪行为政纪处分暂行规定》《中央治理“小金库”工作领导小组关于印发〈2011 年“小金库”专项治理工作实施方案〉的通知》
197	医院的成本核算专项审核	针对医院等其医疗卫生机构成本核算情况及其合理性予以审计	中华人民共和国境内各级各类独立核算的公立医疗卫生机构；具体履行财政资金拨付职能的财政部门；卫生主管部门	《关于完善政府卫生投入政策的意见》《关于注册会计师行业积极做好医药卫生体制改革专业服务工作的指导意见》
199	经营性文化事业单位转企改制审计	针对经营性文化事业单位，如从事新闻出版、广播影视和文化艺术的事业单位转企改制予以审计	经营性文件事业单位	《关于中央级经营性文化事业单位转制中资产和财务管理问题的通知》《关于进一步推进新闻出版体制改革的指导意见》《关于促进我国

续表

序号	业务名称	业务内容	委托人	主要法律依据
				音像业健康有序发展的若干意见》《音像（电子）出版业体制改革实施方案》《关于高校出版社转制工作有关规程》
200	科研机构、工程勘察设计单位改制审计	针对科研机构或工程勘察设计单位转制予以审计	科研机构或工程勘察设计单位	《国务院办公厅转发建设部等部门关于中央所属工程勘察设计单位体制改革实施方案的通知》《关于印发建设部等 11 个部门（单位）所属 134 个科研机构转制方案的通知》《关于转制科研机构和工程勘察设计单位转制前离退休人员待遇调整等问题的通知》
201	灾后恢复重建市政配套工程项目财务收支状况专项审计	针对玉树地震等灾后恢复重建市政配套工程项目财务收支状况进行专项审计	重建市政配套工程公司	—
204	村民（居民）委员会的专项审计	对村民（居民）委员会的相关财务信息予以审计	村民（居民）委员会	—
207	国家审计委托注册会计师承办的审计业务	注册会计师利用专业知识及其累计的经验和声誉承办国家审计委托的对国家重大投资、特殊行业、预算资金使用等进行审计	使用预算资金的单位	《审计法》《审计署聘请外部人员参与审计工作管理办法》

续表

序号	业务名称	业务内容	委托人	主要法律依据
220	公积金的专项审计	针对住房公积金进行专项审计	住房公积金监督部门	《住房公积金行政监督办法》
227	农村集体经济审计	（1）社会主义新农村建设中，对乡村两级农村集体经济组织的资产经营活动审计；（2）对涉农部门、支农资金和支农项目的审计	村民居员会；财政部门	《关于进一步规范和完善村集体经济组织会计委托代理的意见》《关于开展村级会计委托代理服务工作的指导意见》《代理记账管理办法》《村集体经济组织会计制度》《关于推动农村集体财务管理和监督经常化规范化制度化的意见》《农村合作经济内部审计暂行规定》
228	外国企业常驻代表机构经费支出审计	注册会计师利用专业知识及其累计的经验和声誉对行政事业单位及其各级政府、外国机构代表处经费支出情况及效率进行审计	行政事业单位及各级政府、外国机构的代表处	《外国企业常驻代表机构登记管理条例》
229	内部审计外包给注册会主师的审计业务	注册会计师利用其专业知识及累计的经验和声誉对企业、行政事业单位、社会团体等内部审计外包的事项进行审计	企业、行政事业单位、社会团体	《审计法》《内部审计具体准则第 10 号——内部审计与外部审计的协调》
232	基本建设工程决算审核业务	针对建设工程项目财务决算予以审核的业务	基建项目投资者；基本建设单位	《基本建设财务管理规定》《关于加强建设项目工程预（结）算竣工决算审查管理工作的通知》

续表

序号	业务名称	业务内容	委托人	主要法律依据
233	工程变更审计	针对建设工程变更予以审计	基本建设单位	各部门、地区相关规定
244	科技成果转化经济效益审计	针对转化科技成果做出突出贡献的企业、科研机构、高等院校和科技中介服务机构申请绩效奖励的项目的经济和社会效益进行评价	科技部、财政部	《国家科技成果转化引导基金管理暂行办法》
245	科技项目经济效益专项审计	针对科技项目的经济效益情况进行专项审计	科技厅、科技项目持有单位	《国家科学技术奖励条例》《科学技术奖励办法》《科学技术奖励办法实施细则》
249	社会突发危机事项紧急项目审计	注册会计师利用专业知识对社会突发危机事项紧急项目予以专项审计	国家各相关部门	—
129－179	51 项财政专项资金检查	注册会计师对专项资金进行专项检查	财政部及相关部门、机构	相关法律、法规及部门规章

会计师事务所拥有庞大的注册会计师队伍和较强的审计专业技能，企业审计业务或许已难以满足其日益加剧的竞争需求，承接更多政府委托的审计业务，成为其增加业务渠道和收入的新增长点。社会审计机构可以通过行业协会、参政议政等方式向政府建议加大政府购买审计服务的力度，这将成为政府购买审计服务的间接驱动因素。

综上所述，在审计全覆盖背景下，政府购买审计服务的主要动因可以从三个层面进行解构：第一个层面是宏观的国家要求即政策法律驱动层面；第二个层面是具体的审计机关和内部审计机构需求层面，是政府购买审计服务的直接驱动因素；第三个层面是社会审计机构需求这一间接驱动因素。

审计全覆盖背景下政府购买审计服务的动因体系如图 3－1 所示：

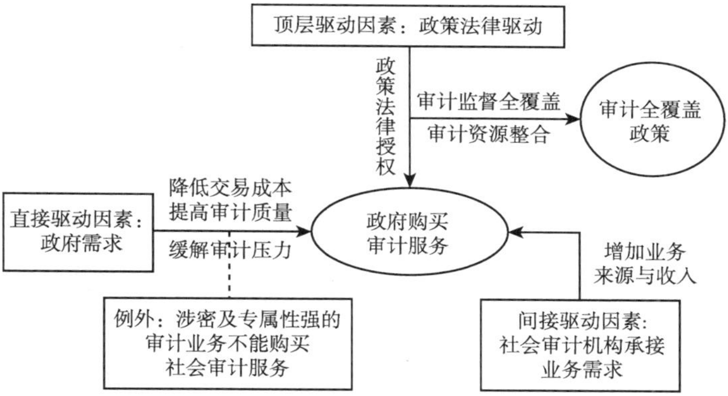

图 3－1　审计全覆盖背景下政府购买审计服务的动因体系

第四章

审计全覆盖背景下政府购买审计服务采购环节的实证研究

2019年5月，由财政部会计司负责人牵头，财政部国库司、证监会会计部、国资委财务监督局相关负责人等参加的调研组到瑞华会计师事务所江苏分所座谈调研。全国政协常委、瑞华会计师事务所管理合伙人张连起在座谈会上提出《瑞华会计师事务所对注册会计师行业改革发展的意见建议》，其中很大篇幅是关于政府采购审计服务的环节尤其是采购方式提出的。其中建议道："修订、完善、贯彻落实与政府采购专业服务相关的法律法规，不断创新和优化政府采购专业服务方式，将竞争性磋商采购方式作为法定采购方式之一。"足见实务界对政府购买审计服务的采购环节尤其是采购方式的关注。

就集中采购环节而言，政府购买审计服务的方式主要有招标（含邀请招标和公开招标，基本不使用邀请招标）、竞争性谈判、竞争性磋商、询价和单一来源采购。招标、竞争性谈判和竞争性磋商三种方式是近年来最常用的购买方式。这三种政府购买审计服务的方式在竞争性和采购流程方面存在一定的差异。那么，这些差异是否对政府购买审计服务的效率和效果产生实质性影响，甚至进一步影响到政府对会计师事务所的选择呢？

本章主要通过实证的方法，从成交效率和成交效果两个方面，对公开招标、竞争性磋商和竞争性谈判这三种政府购买审计服务最为常用的方式进行检验。以识别这三种政府购买审计服务的方式在成交周期、会计师事务所选择方面的差异，并进一步考察会计师事务所声誉对政府采购审计服务成交价与成交折扣的影响。

第一节　理论分析与研究假设

按照政府采购法及其他相关法律法规的规定，公开招标方式是政府将购买审计服务的需求、条件、要求、内容、资金等向社会公开，接受所有符合条件的组织或机构的申请，并按照一定的标准选择最终的审计服务承接者的方式；竞争性谈判，是政府直接邀请 3 家以上审计服务供应商就采购事宜进行谈判的方式；竞争性磋商，是政府通过组建竞争性磋商小组与符合条件的审计服务供应商就采购审计服务事宜进行磋商，审计服务供应商依照磋商文件的要求提交相应文件和报价，政府从磋商小组评审后提出的候选供应商名单中确定成交供应商的采购方式。

招标是政府采购法规定的最主要的政府采购方式（达到一定数额标准的，必须采用招标方式）[①]。政府采用审计服务，通过

① 参见《政府采购法》第二十七条规定。

招标方式购买占一半以上，其次为竞争性谈判与竞争性磋商。

招标方式在所有采购方式中要求最为严格，为了确保程序到位，政府采购法对相关时间做出了严格规定："货物和服务项目实行招标方式采购的，自招标文件开始发出之日起至投标人提交投标文件截止之日止，不得少于20日。"可见，为了确保市场中大量的审计服务供应者能够留意到政府够买审计服务的信息，具有充足的时间对政府的需求和自身提供服务的能力进行准确评估，并撰写投标文件，政府采购法给招标方式规定了相对较长的公告窗口日期。这虽然能确保符合资质的审计服务供应者都可进入招标环节，但也必然需经过较长的时间周期，成交效率可能比较低。

竞争性磋商方式，也要求"从磋商文件发出之日起至供应商提交首次相应文件之日起不得少于10日"。竞争性谈判则没有上述时间的限制。而且政府采购法第三十条规定：符合下列情形之一的货物或者服务，可以依照本法采用竞争性谈判方式采购：……（三）采用招标所需时间不能满足用户紧急需要的……其中第（三）项情形就是出于缩短采购时间的考虑。

可见，尽管竞争性磋商方式也有相应的窗口期要求，但规定的最短时间少于招标方式的要求，再考虑到竞争性磋商方式下政府面对的审计服务潜在供应者的数量大都少于招标方式，那么相比招标方式，竞争性磋商方式需要的成交时间应较短，成交效率更高。而竞争性谈判方式不但没有相应的窗口期要求，而且政府面对的审计服务潜在供应者的数量也较少。因此可以推断，在成交效率方面，招标方式的成交效率最低、耗时最长，其次是竞争性磋商，最快的是竞争性谈判，进而提出假设：

H4－1：在招标、竞争性磋商、竞争性谈判三种政府购买采购审计服务的方式中，招标方式的成交效率最低、耗时最长，其次是竞争性磋商，采购最快的是竞争性谈判。

是不是成效效率越高、成交时间越快越好？答案不是绝对的，应当根据购买的标的来判断。对于“审计服务”这种专业性特别强的服务，不能只考虑成交效率，应当更注重“质量”，即要看哪种购买方式更有利于选择到高质量的审计服务。那么一个值得关注的问题就是，哪种购买方式更可能选择优质的审计服务提供者呢？

Hunt and Lulseged（2007）指出大所和小所提供的审计质量存在本质的区别①。原因主要包括三个方面：第一，大所声誉更高，为了维护高声誉，大所更可能保持较高独立性，提供高质量审计（DeAngelo，1981）②。第二，大所能够更好地培训员工且拥有更好的技术支持，从而帮助审计师发现被审计单位存在的重大错报和漏报。第三，根据“深口袋”理论，大所面临的法律诉讼风险较高，这有助于促使大所主动提高审计质量（Dye，1993）。此外，大所的质量控制系统更加完善，因此大所的内部监督效果更好③。总的来说，“十大”④ 的规模更大，声誉更高，“十大”的独立性和专业胜任能力更强，因此“十大”提供的审计服务质量较非“十大”更高。因此，本书用“十大”代表高质量会计师事务所。

按照政府采购法规定，招标方式适用于所有政府采购，尤其是达到一定数额标准的，就必须采用招标方式。《政府采购货物和服务招标投标管理办法》规定评标方法包括最低评价标准法和综合

① Hunt A K，Lulseged A. Client importance and non - Big 5 auditors' reporting decisions [J]. Journal of Accounting and Public Policy，2007，26（2）：212 - 248.

② DeAngelo L E. Auditor size and audit quality [J]. Journal of Accounting and Economics，1981，3（3）：183 - 199.

③ Dye R A. Auditing standards，legal liability，and auditor wealth [J]. Journal of political Economy，1993，101（5）：887 - 914.

④ 本书所说的“十大”，是指每年中国注册会计师协会发布的《年度业务收入前百家会计师事务信息》中的前十名会计师事务所。

评分法①。

竞争性谈判确定供应商的原则是“采购人从谈判小组提出的成交候选人中根据符合采购需求、质量和服务相等且报价最低的原则确定成交供应商”，还是以“报价最低”为原则。竞争性磋商方式自2014年12月31日起才开始使用（财政部《政府采购竞争性磋商采购方式管理暂行办法》），其适用后，越来越受到“青睐”，有逐渐取代竞争性谈判的趋势。竞争性磋商不仅凸显“磋商过程”，而且明确规定只采用“综合评分法”确定供应商。综合评分法，是指响应文件满足磋商文件全部实质性要求且按评审因素的量化指标评审得分最高的供应商为成交候选供应商的评审方法。

可见，招标与竞争性磋商方式比竞争性谈判更加弱化“唯价格论”，更有利于选择到市场声誉更好、审计服务质量更优的会计师事务所。

因此提出假设：

H4－2：与其他采购方式相比，采用招标和竞争性磋商的方式更有利于选择高质量的会计师事务所。

一般来说，高质量的会计师事务所为了维护高声誉，需要付出更多的成本。注册会计师向客户提供的产品是标准化的审计报告，股东、债权人及其他外部投资者从审计报告本身很难观察到不同会计师事务所出具的审计报告之间的差异，加之信息天然的不完整、不充分，造成搜集信息、处理信息需要额外的成本投入和专业知识。审计报告的利益相关方在做出事前的审计师选择决策、事中的现场审计及事后的审计报告质量判断上的成本较高

① 最低评标价法，是指投标文件满足招标文件全部实质性要求，且投标报价最低的投标人为中标候选人的评标方法。技术、服务等标准统一的货物服务项目，应当采用最低评标价法。综合评分法，是指投标文件满足招标文件全部实质性要求，且按照评审因素的量化指标评审得分最高的投标人为中标候选人的评标方法。

（冯银波、叶陈刚，2018）。大型会计师事务所率先观察到这一现象，进而有意识地通过差异化产品和服务与中小事务所区分，而声誉正是审计师独特性的一个重要来源。声誉作为一种不可辨认的无形资产，好的声誉就像一张精美的名片，有一种天然的磁力，很自然地吸引消费者、客户和投资者（冯银波、叶陈刚，2018）。会计师事务所建立声誉绝非易事，在审计声誉的建立过程中，会计师事务所往往需要承担提供高质量审计服务而产生的高成本，包括投入更高程度的努力水平和培养会计师事务所行业专长所带来的人工成本的增加，出具非标审计意见进而丧失客户带来的机会成本等。而且审计声誉的建立是一个长期的过程，需通过与大量客户的长期反复交易才得以建立（肖小凤，2012），但也正是这个漫长的过程，使声誉成为一种难以模仿的、能够持久产生作用的独特优势（冯银波、叶陈刚，2018）。正因如此，具有良好市场声誉的会计师事务所往往会取得较高的声誉溢价。那么，政府向高质量的会计师事务所购买审计服务时，形成于资本市场的声誉能否发挥作用，使得这些会计师事务所获得更高的成交价格呢？为此，提出假设：

H4－3：高质量的会计师事务所比其他事务所的成交价格更高且“折扣”更少。

第二节　研究设计

一、数据来源与样本说明

本章以2013—2018年各省、直辖市和自治区政府采购审计服务为研究对象，手工从各省、直辖市和自治区政府采购网上收集政府购买审计服务的采购公告、成交公告以及相关附件，获取了各地方政府采购审计服务的基本信息。各省、直辖市和自治区的 GDP、财政收入、财政支出、会计师事务所数量、被审计的单位数量、审计查出主要问题金额、审计报告和专项审计调查报告数量来自《中国审计年鉴》《中国会计年鉴》《中国统计年鉴》。市场化指数来自《中国分省份市场化指数报告（2018）》。会计师事务所排名来自中注协发布的《年度业务收入前百家会计师事务信息》。本章对样本做如下筛选：（1）剔除存在缺失值的样本；（2）对连续变量在 1% 和 99% 分位点进行了缩尾处理（Winsorize）。

二、模型构建与变量定义

为检测政府购买审计服务方式的差异对成交效率的影响，即本书 H4－1，本书构建以下回归模型：

$$Days = \beta_0 + \beta_1 \times TEND + \beta_2 \times CONS + \beta_3 \times GDP + \beta_4 \times Grow + \beta_5 \times REV + \beta_6 \times DEF + \beta_7 \times AUD + \beta_8 \times CPL + \beta_9 \times ILG + \beta_{10} \times REP + \beta_{11} \times MI + \xi \quad (4-1)$$

为检测政府购买审计服务方式的差异对会计师事务所选择的影响，即本书 H4－2，本书构建以下回归模型：

$$Big10 = \beta_0 + \beta_1 \times TEND + \beta_2 \times CONS + \beta_3 \times GDP + \beta_4 \times Grow + \beta_5 \times REV + \beta_6 \times DEF + \beta_7 \times AUD + \beta_8 \times CPL + \beta_9 \times ILG + \beta_{10} \times REP + \beta_{11} \times MI + \xi \quad (4-2)$$

为检测会计师事务所的质量对政府购买审计服务的成交价格和折扣的影响，即本书 H4－3，本书构建以下回归模型：

$$Fee = \beta_0 + \beta_1 \times Big10 + \beta_2 \times GDP + \beta_3 \times Grow + \beta_4 \times REV + \beta_5 \times DEF + \beta_6 \times AUD + \beta_7 \times CPL + \beta_8 \times ILG + \beta_9 \times REP + \beta_{10} \times MI + \xi \quad (4-3)$$

$$DISC = \beta_0 + \beta_1 \times Big10 + \beta_2 \times GDP + \beta_3 \times Grow + \beta_4 \times REV +$$

$$\beta_5 \times DEF + \beta_6 \times AUD + \beta_7 \times CPL + \beta_8 \times ILG + \beta_9 \times REP + \beta_{10} \times MI + \xi \quad (4-4)$$

（一）被解释变量

成交效率（*Days*），政府采购审计服务成交公告发布时间与政府采购审计服务采购公告发布时间之间的间隔天数再加一天。

会计师事务所质量（*Big*10），虚拟变量，向政府提供审计服务的会计师事务所在当年中注协公布的《年度业务收入前百家会计师事务信息》中名列前十，则 *Big*10 取值为 1，否则为 0。

成交价格（*Fee*），政府采购审计服务的最终成交价格取自然对数。

成交折扣（*DISC*），政府采购审计服务的最终成交价格比上该项业务采购公告的预算价格。

（二）解释变量

公开招标方式（*TEND*），虚拟变量，若政府采购审计服务的方式为公开招标，则 *TEND* 取值为 1，否则为 0。

竞争性磋商方式（*CONS*），虚拟变量，若政府采购审计服务的方式为竞争性磋商，则 *CONS* 取值为 1，否则为 0。

竞争性谈判方式（*NEGO*），虚拟变量，若政府采购审计服务的方式为竞争性谈判，则 *NEGO* 取值为 1，否则为 0。

（三）控制变量

地区生产总值（*GDP*），省、直辖市和自治区 GDP 的自然对数。经济增长情况（*GROW*），省、直辖市和自治区 GDP 增长率。财政收入（*REV*），省、直辖市和自治区“财政收入”比 GDP。财政盈亏情况（*DEF*），省、直辖市和自治区“财政支出”比“财政收入”。事务所数量（*AUD*），省、直辖市和自治区“会计师事务所数量”的自然对数。业务规模（*CPL*），省、直辖市和自治区“被审计的单位数量”，即当地审计机关当年完成审计对象的数量。

业务复杂程度（*ILG*），省、直辖市和自治区“审计查出主要问题金额”的自然对数，即当地审计机关在执行审计业务过程中发现存在重大问题的事项所涉及的金额。报告数量（*REP*），省、直辖市和自治区“审计报告和专项审计调查报告”比“被审计的单位数量”，即当地政府当年公布的审计报告和专项审计调查报告的数量比当地审计机关当年完成审计对象的数量。市场化指数（*MI*），樊纲市场化指数。变量定义见表4－1。

表4－1　变量定义表

变量类型	变量符号	定义
被解释变量	*Days*	“成交公告发布时间”与“采购公告发布时间”之间的间隔天数＋1
	*Big*10	虚拟变量，会计师事务所当年排名前10，则Big10取1，否则为0
	Fee	政府采购服务成交价格的自然对数
	DISC	政府采购服务“成交价格”比上“采购公告预算价格”
解释变量	*TEND*	虚拟变量，采购方式为“公开招标”，则TEND取1，否则为0
	CONS	虚拟变量，采购方式为“竞争性磋商”，则CONS取1，否则为0
	NEGO	虚拟变量，采购方式为“竞争性谈判”，则NEGO取1，否则为0
控制变量	*GDP*	省、直辖市和自治区GDP的自然对数
	Grow	省、直辖市和自治区GDP增长率
	REV	省、直辖市和自治区“财政收入”比GDP
	DEF	省、直辖市和自治区“财政支出”比“财政收入”
	AUD	省、直辖市和自治区“会计师事务所数量”的自然对数
	CPL	省、直辖市和自治区“被审计的单位数量”
	ILH	省、直辖市和自治区“审计查出主要问题金额”的自然对数

续表

变量类型	变量符号	定义
控制变量	*REP*	省、直辖市和自治区“审计报告和专项审计调查报告”比“被审计的单位数量”
	MI	樊纲市场化指数
	*Year*2014	2014 年度虚拟变量
	*Year*2015	2015 年度虚拟变量
	*Year*2016	2016 年度虚拟变量
	*Year*2017	2017 年度虚拟变量
	*Year*2018	2018 年度虚拟变量

第三节　实证结果与分析

一、样本分布

表4－2呈现了政府采购审计服务方式的年度分布情况。总体而言，政府主要通过公开招标采购审计服务，占样本总量的55.30%；竞争性磋商和竞争性谈判也是政府采购审计服务的重要方式，分别占样本总量的21.49%和20.56%；较少利用单一来源和询价采购审计服务，分别仅占样本总量的0.59%和2.07%。2013—2018年政府采购审计服务的总数量呈现快速增长的趋势，值得注意的是，政府利用竞争性磋商购买审计服务的占比由2013年的0快速提升至2018年的34.10%，而政府利用竞争性谈判购买审计服务的占比由2013年的40.35%快速下降至2018年的10.75%。政府利用公开招标、单一来源和询价购买审计服务的占比在2013—2018年相对比较稳定。可见，竞争性磋商方式具有逐步替代竞争性谈判方式的趋势。如表4－2所示，2013—2018年政府购买审计服务

方式的列联检验结果 Pearson 卡方为 338.89，在 1% 水平下显著，说明 2013—2018 年政府利用公开招标、竞争性磋商、竞争性谈判、单一来源和询价等不同方式购买的审计服务的数量有显著差异。

表 4-2　　采购方式年度变化趋势及列联检验

年度	公开招标		竞争性磋商		竞争性谈判		单一来源		询价		合计
	数量	比例（%）	数量	比例（%）	数量	比例（%）	数量	比例（%）	数量	比例（%）	
2013	34	59.65	0	0	23	40.35	0	0	0	0	57
2014	122	63.54	0	0	59	30.73	0	0	11	5.73	192
2015	182	50.56	33	9.17	140	38.89	0	0	5	1.39	360
2016	412	57.62	114	15.94	179	25.03	4	0.56	6	0.84	715
2017	409	57.20	182	25.45	103	14.41	9	1.26	12	1.68	715
2018	447	51.68	295	34.10	93	10.75	4	0.46	26	3.01	865
合计	1606	55.30	624	21.49	597	20.56	17	0.59	60	2.07	2904
列联检验结果：Person Chi2（20）=338.89*** P=0.000											

注：*、**、*** 分别代表 10%、5% 和 1% 水平下显著，下同。

表 4-3 呈现了政府利用公开招标、竞争性磋商和竞争性谈判采购审计服务的条件下对会计师事务所选择的情况①。总体而言，相比十大会计师事务所，政府采购了明显更多的非十大会计师事务所的审计服务。2013—2018 年政府仅向十大会计师事务所采购了 151 项服务，占样本总量的 9.34%。其中公开招标方式下政府采购十大会计师事务所的占比最高，达 10.87%，超过了 9.34%；竞争性磋商方式下政府采购十大会计师事务所审计服务的占比为 9.68%，也超过了 9.34%；竞争性谈判方式下政府采购十大会计师事务所审计服务的占比最低，仅 4.29%。可见，采用公开招标

① 询价仅 60 个样本，单一来源仅 17 个样本，样本量太少，故删除 77 个样本，同时，只采用了会计师事务所为服务提供对象的样本，故最后样本量为 1617。

和竞争性磋商方式更有可能选择到十大会计师事务所。如表4-3所示，不同事务所选择下，政府利用公开招标、竞争性磋商和竞争性谈判够买审计服务数量的列联检验结果Pearson卡方为11.689，在1%水平下显著，说明不同采购方式下，政府选择十大会计师事务所或非十大会计师事务所的倾向存在显著差异。

表4-3　　不同采购方式下的事务所选择及列联检验

	公开招标	竞争性磋商	竞争性谈判	合计
非十大	812	364	290	1466
十大	99	39	13	151
十大比例（%）	10.87	9.68	4.29	9.34
合计	911	403	303	1617
列联检验结果：Pearson chi2（2）=11.689*** P=0.003。				

二、描述性统计

表4-4呈现了本章主要变量的描述性统计①。如表4-4之Panel A所示，*Days*的平均值为22.628，即从政府发布审计服务采购公告至政府公布成交公告之间平均经历22.628天；*Days*的最大值为156，即从政府发布审计服务采购公告至政府公布成交公告之间最多经历156天；*Days*的最小值为0，即从政府发布审计服务采购公告至政府公布成交公告之间最少经历0天；可见，政府采购审计服务在采购环节需耗费的时间不同。*TEND*的平均值为0.578，即政府通过公开招标方式采购的审计服务占政府采购审计服务总量的57.8%，可见，招标方式是政府采购审计服务的主要方式。

① 询价仅60个样本，单一来源仅17个样本，样本量太少，故删除77个样本，同时由于“采购公告发布时间”和“成交公告发布时间”的部分缺失，导致最后样本量为2656。

CONS 的平均值为 0.224，即政府通过竞争性磋商方式采购的审计服务占政府采购审计服务总量的 22.4%，可见，竞争性磋商方式是政府采购审计服务的重要方式之一。*MEGO* 的平均值为 0.198，即政府通过竞争性谈判方式采购的审计服务占政府采购审计服务总量的 19.8%，可见，竞争性谈判方式也是政府采购审计服务的重要方式之一。如表 4-4 之 Panel B 所示，在剔除政府采购其他中介机构的审计服务的样本后①，本部分还剩余 1617 个有效样本。*Big*10 的平均值为 0.093，即十大会计师事务所向政府提供审计服务的次数平均占会计师事务所向政府提供审计服务的总次数的 9.3%。如表 4-4 之 Panel C 所示，在 Panel B 的基础上进一步剔除政府采购审计服务最终成交价格缺失的样本后，本部分还剩余 1201 个有效样本。*Fee* 的平均值为 12.168，即政府平均向会计师事务所支付约 19 万元审计服务费；*Fee* 的最大值为 16.745，即政府最多向会计师事务所支付约 1872 万元审计服务费；*Fee* 的最小值为 6.745，即政府最少向会计师事务所支付约 0.085 万元审计服务费。如表 4-4 之 Panel D 所示，在 Panel C 的基础上进一步剔除政府采购公告的预算价格缺失的样本后，本部分还剩余 1023 个有效样本。*DISC* 的均值为 0.722，即政府向会计师事务所采购审计服的最终成交价格比公告预算价格平均减少约 27.8%；*DISC* 的最大值为 1.839，即政府向会计师事务所采购审计服的最终成交价格比公告预算价格最多增加 83.9%；*DISC* 的最小值为 0.416，即政府向会计师事务所采购审计服的最终成交价格比公告预算价格最多减少 99.9%；可见不同的会计师事务所与政府的议价能力也不同，这可能与业务复杂程度、政府部门的职能属性、对未来合作的期望以及会计师事务所声誉等因素相关。

① 其他中介机构指除会计师事务所外，能够向政府提供审计服务的社会中介组织。

表 4-4　描述性统计

变量	样本量	均值	标准差	最小值	1/4 分位	中位数	3/4 分位	最大值
Panel A								
Days	2656	22.628	11.310	0.000	14.000	23.000	28.000	156.000
TEND	2656	0.578	0.494	0.000	0.000	1.000	1.000	1.000
CONS	2656	0.224	0.417	0.000	0.000	0.000	0.000	1.000
NEGO	2656	0.198	0.398	0.000	0.000	0.000	0.000	1.000
GDP	2656	9.940	0.656	7.178	9.660	9.990	10.330	11.300
Grow	2656	48.925	10.784	34.900	41.782	44.554	53.179	80.556
REV	2656	0.118	0.040	0.075	0.090	0.107	0.129	0.227
DEF	2656	2.196	0.871	1.074	1.695	2.142	2.435	9.051
AUD	2656	5.514	0.677	3.258	4.804	5.724	5.974	6.685
CPL	2656	8.185	0.860	4.984	7.911	8.531	8.784	9.759
ILG	2656	16.986	0.696	13.855	16.643	17.018	17.462	18.667
REP	2656	1.214	0.264	0.449	1.047	1.169	1.290	2.297
MI	2656	7.272	1.695	1.534	6.330	7.129	8.670	11.109
Panel B 事务所样本								
*Big*10	1617	0.093	0.291	0.000	0.000	0.000	0.000	1.000
TEND	1617	0.563	0.496	0.000	0.000	1.000	1.000	1.000
CONS	1617	0.249	0.433	0.000	0.000	0.000	0.000	1.000
NEGO	1617	0.187	0.390	0.000	0.000	0.000	0.000	1.000
GDP	1617	9.886	0.652	7.178	9.641	9.828	10.272	11.300
Grow	1617	48.614	10.700	34.900	41.046	44.499	53.179	80.556
REV	1617	0.119	0.040	0.075	0.091	0.107	0.129	0.227
DEF	1617	2.256	0.964	1.074	1.695	2.202	2.560	9.051
AUD	1617	5.457	0.688	3.258	4.754	5.724	5.943	6.685
CPL	1617	8.165	0.881	4.984	7.911	8.430	8.728	9.759
ILG	1617	16.939	0.684	13.855	16.643	17.018	17.367	18.667

续表

变量	样本量	均值	标准差	最小值	1/4 分位	中位数	3/4 分位	最大值
Panel B 事务所样本								
REP	1617	1. 237	0. 293	0. 449	1. 047	1. 173	1. 304	2. 297
MI	1617	7. 155	1. 745	1. 534	6. 260	6. 720	8. 190	11. 109
Panel C 事务所样本 - 成交价格样本								
*Big*10	1201	0. 091	0. 287	0. 000	0. 000	0. 000	0. 000	1. 000
Fee	1201	12. 168	1. 131	6. 745	11. 552	12. 278	12. 899	16. 745
GDP	1201	9. 896	0. 541	7. 178	9. 660	9. 816	10. 246	11. 196
Grow	1201	47. 302	9. 523	34. 900	40. 000	44. 237	50. 731	80. 556
REV	1201	0. 115	0. 037	0. 075	0. 090	0. 106	0. 125	0. 227
DEF	1201	2. 307	0. 979	1. 074	1. 796	2. 220	2. 660	9. 051
AUD	1201	5. 412	0. 604	3. 258	4. 754	5. 583	5. 826	6. 675
CPL	1201	8. 286	0. 859	4. 984	8. 037	8. 568	8. 777	9. 484
ILG	1201	16. 967	0. 629	14. 360	16. 643	16. 979	17. 367	18. 667
REP	1201	1. 231	0. 279	1. 000	1. 039	1. 206	1. 317	2. 297
MI	1201	7. 084	1. 769	1. 534	6. 200	6. 720	8. 099	11. 109
Panel D 事务所样本 - 折扣样本								
*Big*10	1023	0. 085	0. 279	0. 000	0. 000	0. 000	0. 000	1. 000
DISC	1023	0. 722	0. 252	0. 416	0. 586	0. 799	0. 920	1. 839
GDP	1023	9. 888	0. 572	7. 178	9. 674	9. 816	10. 246	11. 196
Grow	1023	49. 479	10. 542	36. 500	42. 702	46. 375	54. 042	80. 556
REV	1023	0. 119	0. 041	0. 075	0. 090	0. 110	0. 129	0. 227
DEF	1023	2. 315	1. 076	1. 074	1. 695	2. 135	2. 683	9. 051
AUD	1023	5. 432	0. 625	3. 258	4. 754	5. 583	5. 817	6. 675
CPL	1023	8. 194	0. 906	4. 984	8. 011	8. 568	8. 728	9. 484
ILG	1023	16. 949	0. 673	13. 855	16. 643	16. 832	17. 342	18. 667
REP	1023	1. 215	0. 214	1. 000	1. 047	1. 248	1. 304	2. 297
MI	1023	7. 223	1. 901	1. 534	5. 840	7. 031	8. 783	11. 109

三、多元线性回归分析

（一）服务购买方式对成交效率的影响

表4－5呈现了政府购买审计服务方式与成交效率之间的回归结果[①]。如第（1）列所示，常数项的系数为12.796，在1%的统计水平下显著为正，说明从发布采购公告日起至发布成交公告日止，政府通过竞争性谈判购买审计服务需经历12.796天。*TEND*的系数为15.568，在1%的统计水平下显著为正，说明从发布采购公告日起至发布成交公告日止，政府通过公开招标购买审计服务比通过竞争性谈判购买审计服务需多耗费15.568天。*CONS*的系数为3.700，在1%的统计水平下显著为正，说明从发布采购公告日起至发布成交公告日止，政府通过竞争性磋商购买审计服务比通过竞争性谈判购买审计服务需多耗费3.7天。*TEND－CONS*的系数为11.869，在1%的统计水平下显著为正，说明从发布采购公告日起至发布成交公告日止，政府通过公开招标购买审计服务比通过竞争性磋商购买审计服务需多耗费11.869天。为缓和潜在干扰因素对回归结果的影响，本书将地区生产总值（*GDP*）、经济增长情况（*GROW*）以及市场化指数（*MI*）等变量纳入回归模型中，对模型（1）进行回归。回归结果如第（2）列所示，政府通过竞争性磋商、公开招标、竞争性谈判方式够买审计服务的成交效率没有发生实质性改变，仍在1%的统计水平下显著为正。回归结果表明，政府通过竞争性谈判方式购买审计服务的成交效率最高，而政府通过公开招标方式购买审计服务需耗费的时间最长，有效验证了H4－1。

---

① 询价仅60个样本，单一来源仅17个样本，样本量太少，故删除77个样本，同时由于“采购公告发布时间”和“成交公告发布时间”的部分缺失，导致最后样本量为2656。

表 4－5　　不同采购方式成交效率

变量	(1)		(2)	
	Days	公开招标 Vs. 竞争性磋商	*Days*	公开招标 Vs. 竞争性磋商
TEND	15.568*** (33.36)	*TEND－CONS* 11.869***	14.397*** (27.44)	*TEND－CONS* 11.550***
CONS	3.700*** (7.13)	(29.26)	2.847*** (4.50)	(24.19)
GDP			2.403** (2.50)	
Grow			－0.185*** (－4.27)	
REV			46.126*** (3.51)	
DEF			0.678** (2.35)	
AUD			0.728 (1.07)	
CPL			－0.467 (－0.80)	
ILG			－1.377*** (－3.73)	
REP			0.687 (1.01)	
MI			0.317 (1.16)	
常数项	12.796*** (31.87)		11.927 (1.38)	
R^2	0.364		0.385	
N	2656		2656	
F	760.60		190.64	

注：括号中为 Robust T，下同。

（二）采购方式对事务所选择的影响

表 4 -6 呈现了政府购买审计服务方式与会计师事务所选择之间的回归结果①。如第（1）列所示，*TEND* 的系数为 1.001，在 1% 的统计水平下显著为正，说明相比竞争性谈判方式，政府利用公开招标采购审计服务时，更可能选择十大会计师事务所。*CONS* 的系数为 0.871，在 1% 的统计水平下显著为正，说明相比竞争性谈判方式，政府利用竞争性磋商采购审计服务时，更可能选择十大会计师事务所。*TEND - CONS* 的系数为 0.129，但不显著，说明相比竞争性磋商，政府利用公开招标采购审计服务时，选择十大会计师事务所的概率略高，但二者之间的差异并不显著。为缓和潜在干扰因素对回归结果的影响，本书将地区生产总值（*GDP*）、经济增长情况（*GROW*）以及市场化指数（*MI*）等变量纳入回归模型中，对模型（2）进行回归。回归结果如第（2）列所示，政府购买审计服务的方式与会计师事务所选择之间的关系没有发生实质性改变。回归结果表明，相比竞争性谈判方式，政府通过公开招标或竞争性磋商购买审计服务时，更可能会选择到规模较大、声誉良好的高质量会计师事务所，验证了 H4 -2。

表 4 -6　　不同采购方式下的事务所选择

变量	(1)		(2)	
	*Big*10	公开招标 Vs. 竞争性磋商	*Big*10	公开招标 Vs. 竞争性磋商
TEND	1.001 *** (3.30)	*TEND - CONS* 0.129	1.229 *** (3.60)	*TEND - CONS* 0.181
CONS	0.871 *** (2.64)	(0.65)	1.048 *** (2.84)	(0.88)

① 询价仅 60 个样本，单一来源仅 17 个样本，样本量太少，故删除 77 个样本，同时，只采用了会计师事务所为服务提供对象的样本，故最后样本量为 1617。

续表

变量	(1)		(2)	
	*Big*10	公开招标 Vs. 竞争性磋商	*Big*10	公开招标 Vs. 竞争性磋商
GDP			-0.051 (-0.11)	
Grow			-0.011 (-0.58)	
REV			7.129 (1.28)	
DEF			0.037 (0.21)	
AUD			-0.123 (-0.42)	
CPL			0.568** (2.49)	
ILG			-0.057 (-0.26)	
REP			-0.081 (-0.23)	
MI			-0.037 (-0.26)	
常数项	-3.105*** (-10.95)		-5.872 (-1.33)	
Pse. R^2	0.014		0.039	
N	1617		1617	
Chi^2	13.66		35.20	

(三) 事务所规模对成交价格及折扣的影响

表4-7呈现了会计师事务所规模与审计服务成交价格以及成

交折扣之间的回归结果①。如第（1）列所示，常数项系数为 12.113，在 1% 的统计水平下显著为正，说明政府向非十大会计师事务所购买审计服务时平均需支付约 18.2 万元审计费。*Big*10 的系数为 0.607，在 1% 的统计水平下显著为正，说明相比非十大会计师事务所，政府向十大会计师事务所购买审计服务时需支付更多的审计费，平均约为 33.4 万元审计费。为缓和潜在干扰因素对回归结果的影响，本书将地区生产总值（*GDP*）、经济增长情况（*GROW*）以及市场化指数（*MI*）等变量纳入回归模型中，对模型（3）进行回归。回归结果如第（2）列所示，政府向十大会计师事务所购买审计服务需支付比非十大会计师事务所显著更多的审计费。如第（3）列所示，常数项的系数为 0.717，在 1% 的统计水平下显著为正，说明政府向非十大会计师事务所采购审计服的最终成交价格比公告预算价格平均减少约 28.3%。*Big*10 的系数为 0.056，在 5% 的统计水平下显著为正，说明相比非十大会计师事务所，政府向十大会计师事务所购买审计师服务时最终成交价格与公告预算价格之间的差额显著更小，最终成交价格比公告预算价格平均减少约 22.7%。为缓和潜在干扰因素对回归结果的影响，本书将地区生产总值（*GDP*）、经济增长情况（*GROW*）以及市场化指数（*MI*）等变量纳入回归模型中，对模型（4）进行回归。回归结果如第（4）列所示，相比非十大会计师事务所，政府向十大会计师事务所够买审计服务时获取更少的价格折扣，回归结果没有发生实质性改变。以上回归结果表明，在政府购买审计服务的市场中，高质量的会计师事务所具有更好的声誉溢价，能够收取更多的

① 只采用了会计师事务所为服务提供对象的样本，由于“成交价格”的部分缺失，第 1、第 2 列样本只有 1201，又因“采购公告预算价格”部分缺省，第 3、4 列样本变为 1023。如果四列均采用一致的样本量（969），结果没有实质性变化。

审计费，减小价格折扣，验证了 H4 -3。

表 4 -7　会计师事务所质量对成交价格与折扣的影响

变量	(1) *Fee*	(2) *Fee*	(3) *DISC*	(4) *DISC*
*Big*10	0.607 *** (5.28)	0.595 *** (5.00)	0.056 ** (2.01)	0.057 ** (2.02)
GDP		0.963 *** (4.31)		0.106 * (1.88)
Grow		0.011 * (1.86)		0.008 *** (5.61)
REV		9.109 *** (5.31)		-0.070 (-0.19)
DEF		0.209 *** (3.50)		0.041 *** (2.77)
AUD		-0.339 *** (-3.00)		-0.060 ** (-2.24)
CPL		-0.096 (-1.10)		0.003 (0.14)
ILG		-0.016 (-0.21)		-0.001 (-0.04)
REP		0.376 *** (3.16)		0.100 ** (2.03)
MI		-0.239 *** (-3.95)		-0.021 (-1.47)
常数项	12.113 *** (358.96)	4.663 ** (2.48)	0.717 *** (87.09)	-0.485 (-1.05)
R^2	0.024	0.081	0.004	0.066
N	1201	1201	1023	1023
F	27.93	12.66	4.03	7.49

四、稳健性检验

考虑到各年度和省份的固有特质等可能会对政府购买审计服务的行为产生特定的影响，本章控制了年度和省份层面的固定效应，并对模型（4－1）至模型（4－4）分别进行检验。回归结果如表4－8至表4－10所示，与主测试相比，没有发生实质性变化。

表4－8　　不同采购方式成交效率稳健性检验

变量	控制年度和省份固定效应			
	(1)		(2)	
	Days	公开招标 Vs. 竞争性磋商	*Days*	公开招标 Vs. 竞争性磋商
TEND	13.148*** (18.16)	*TEND－CONS* 10.840***	12.817*** (15.76)	*TEND－CONS* 10.807***
CONS	2.308** (2.62)	(11.82)	2.010** (2.20)	(10.64)
*Year*2014	－3.174 (－1.59)		1.943 (1.28)	
*Year*2015	－0.507 (－0.25)		3.568 (1.18)	
*Year*2016	－2.064 (－1.53)		5.713 (1.18)	
*Year*2017	－2.428 (－1.35)		6.294 (0.92)	
*Year*2018	－2.005 (－1.23)		8.478 (1.11)	

续表

变量	控制年度和省份固定效应			
	(1)		(2)	
	Days	公开招标 Vs. 竞争性磋商	*Days*	公开招标 Vs. 竞争性磋商
GDP			-11.290 (-0.59)	
Grow			-0.489** (-2.18)	
REV			-73.254 (-1.65)	
DEF			2.861 (0.68)	
AUD			-22.858 (-1.11)	
CPL			-9.987** (-2.29)	
ILG			1.635 (0.85)	
REP			-4.013* (-1.81)	
MI			-0.620 (-0.38)	
常数项	16.480*** (11.66)		336.525* (1.95)	
R^2	0.246		0.272	
N	2656		2656	
F	118.30		81.23	

表 4－9　不同采购方式下的十大事务所选择稳健性检验

变量	控制年度和省份固定效应			
	(1)		(2)	
	*Big*10	公开招标 Vs. 竞争性磋商	*Big*10	公开招标 Vs. 竞争性磋商
TEND	1. 012 *** (2. 77)	*TEND* − *CONS* 0. 274	1. 137 *** (2. 90)	*TEND* − *CONS* 0. 390
CONS	0. 738 * (1. 86)	(1. 10)	0. 747 * (1. 80)	(1. 49)
*Year*2014	1. 386 (1. 28)		1. 218 (0. 96)	
*Year*2015	0. 795 (0. 75)		1. 579 (0. 92)	
*Year*2016	1. 030 (0. 98)		3. 211 (1. 44)	
*Year*2017	0. 952 (0. 90)		3. 814 (1. 40)	
*Year*2018	1. 168 (1. 10)		4. 828 (1. 49)	
GDP			−4. 801 (−0. 89)	
Grow			−0. 258 ** (−2. 04)	
REV			−14. 502 (−0. 68)	
DEF			−1. 976 (−1. 53)	
AUD			40. 814 *** (3. 30)	

续表

变量	控制年度和省份固定效应			
	(1)		(2)	
	*Big*10	公开招标 Vs. 竞争性磋商	*Big*10	公开招标 Vs. 竞争性磋商
CPL			-0.139 (-0.19)	
ILG			0.679 (1.16)	
REP			-0.579 (-0.75)	
MI			-0.328 (-0.63)	
常数项	0.016		0.038	
	1569		1569	
Pse. R^2	13.16		32.25	
N	0.016		0.038	
Chi^2	1569		1569	

表 4-10　会计师事务所质量对成交价格与折扣的影响稳健性检验

变量	控制年度和省份固定效应			
	(1)	(2)	(3)	(4)
	Fee	*Fee*	*DISC*	*DISC*
*Big*10	0.527*** (2.93)	0.536*** (2.98)	0.057* (1.86)	0.062** (2.15)
*Year*2014	-0.112 (-0.86)	-0.001 (-0.00)	0.616*** (14.08)	0.522*** (7.51)
*Year*2015	-0.119 (-0.51)	-0.110 (-0.15)	0.683*** (20.92)	0.539*** (4.48)
*Year*2016	-0.126 (-0.82)	-0.060 (-0.06)	0.704*** (38.13)	0.495** (2.60)

续表

变量	控制年度和省份固定效应			
	(1)	(2)	(3)	(4)
	Fee	*Fee*	*DISC*	*DISC*
*Year*2017	0.102 (0.66)	0.260 (0.21)	0.761 *** (35.02)	0.508 ** (2.26)
*Year*2018	-0.008 (-0.04)	0.294 (0.20)	0.792 *** (25.76)	0.594 ** (2.41)
GDP		-0.977 (-0.29)		0.733 (1.38)
Grow		0.000 (0.01)		0.019 (1.37)
REV		2.887 (0.33)		3.818 * (1.77)
DEF		-0.060 (-0.09)		-0.094 (-0.82)
AUD		-3.827 (-0.51)		-2.624 (-1.57)
CPL		-0.111 (-0.34)		0.077 (1.02)
ILG		0.568 ** (2.19)		0.054 (1.19)
REP		-0.009 (-0.04)		-0.048 (-0.43)
MI		-0.002 (-0.01)		-0.081 (-1.32)
常数项	12.152 *** (101.22)	33.487 (0.63)	-0.028 ** (-2.16)	5.128 (0.49)
R^2	0.026	0.040	0.046	0.080
N	1201	1201	1023	1023
F	4.79	4.80	7.87	5.68

第四节　本章结论与讨论

根据本章的实证研究发现，不同采购方式的采购效率和效果存在一定的差异。首先，招标方式的成交效率最低、耗时最长。其次，是竞争性磋商，采购最快的是竞争性谈判；但相比竞争性谈判，政府利用招标和竞争性磋商的购买方式更容易选择到具备良好市场声誉的高质量会计师事务所。

综合来看，招标方式的购买耗时长，而竞争性谈判往往以“价低者得”。因此，政府在购买审计这种具有较强专业性的服务时，竞争性磋商的优势越来越明显。与公开招标采购方式相比，竞争性磋商采购方式更加符合市场规律，同时也更加充分地考虑了服务本身的特性，其在流程设计和具体规则上提供了采购人和供应商的磋商机会，可以对采购需求做出实质性调整，且采用综合评审的方式确定供应商，而非最低价中标。因此鉴于“审计服务”的特殊性，在集中采购环节，不能只求“采购速度快”“成交价格低”，而应突出“质量导向”。建议在公开招标数额标准以下的，多采用竞争性磋商的采购方式，增加磋商机会，采用综合评分法确定供应商，并在评审过程中选聘一定的注册会计师担任评审专家，尽量避免“价低者得”“忽视质量”的情形。①

本章实证研究的结论还有：高质量的会计师事务所比其他事务所的成交价格更高且“折扣”更少。高质量的事务所成交价更高符合审计定价原理，这在一定程度上表明，在资本市场中适用的会

① 这一建议与瑞华会计师事务所管理合伙人张连起提出的《瑞华会计师事务所对注册会计师行业改革发展的意见建议》内容一致。

计师事务所声誉机制，也同样会影响政府购买审计服务的行为，政府也认为声誉良好的会计师事务所能提供高品质的审计服务，从而愿意支付给这些会计师事务所更高的审计费用；同时也提醒政府有关部门，在采购审计服务时摒弃“低价者得”的观念，坚持质量导向进行审计师选择。

在总结实证研究结论之外，本章还将针对与政府购买审计服务采购环节有关的两个其他重要问题进行讨论：一是关于会计师事务所备选库方面的问题，二是关于采购定价方面的问题。

一、关于会计师事务所备选库相关问题的讨论

如前所述，近年来，很多审计机关和内部审计机构都建立了社会审计机构备选库。一般情况下，先通过政府采购的方式建立中介机构备选库，当政府有购买审计服务的需求时，按照一定的原则和程序从中介机构备选库中选择中介机构；遇到特定审计事项或其他原因，政府也可以采用单独政府采购的方式直接选用中介机构。这一做法有助于购买主体快速选择社会审计机构、加强对社会审计机构的监督与考核，但也存在一定弊端。

瑞华会计师事务所提出，近年来，在采购审计专业服务中对会计师事务所（以下简称事务所）滥设备选库、滥设禁入条件、越权实施监管等现象日益突出，注册会计师行业营商环境亟待改善。主要体现在以下几个方面：一是重复建库、多层次建库，层次繁杂；二是建库单位人为设置门槛，不恰当地排斥某些投标主体；三是备选库后续监督管理不规范。

因此，为改善注册会计师行业的营商环境，建议全面排查备选库，避免重复建库、多层次建库。同时，加强事务所备选库的后续监督管理，严防建库单位与招标代理机构、事务所串通舞弊，实现

公平竞争。[①]

二、关于政府购买审计服务定价相关问题的讨论

从本章关于在政府采购审计服务中“十大”事务所成交价和“折扣率”的研究中，我们发现，几乎所有的采购活动中，成交价比公告价都要打很大幅度的折扣，有的“折扣率”甚至低至四折左右。本书作者曾与某会计师事务所负责人进行过交流，该负责人说，有一项政府审计业务通过公开招标方式购买审计服务，公告价是300万元，但最终被另外一家事务所以60万元的价格中标；据该负责人说，100万元的审计费用连该审计业务的基本成本都难以弥补，难以保证审计质量。

为防范和遏制低价恶性竞争，固然需要进一步完善采购方式和采购流程，同样也需要不断优化定价方式。

目前，会计师事务所提供审计服务的部分收费实行政府指导价[②]，可以实行计件收费、计时收费或两者结合的方式。各省、自治区、直辖市都公布了会计师事务所收费标准。以湖北省为例，表4－11列示了该省会计师事务所计时收费标准，表4－12列示了该省会计师事务所计件收费标准。

通过上表可以看出，会计师事务所提供审计服务是有收费标准的。但是在政府购买审计服务过程中，购买审计服务的资金预算对此标准的考量不够充分。政府采购审计服务时，在技术评分相接近

① 参见瑞华会计师事务所管理合伙人张连起提出的《瑞华会计师事务所对注册会计师行业改革发展的意见建议》。

② 根据《国家发展改革委关于放开部分服务价格意见的通知》发改价格〔2014〕2755号，会计师事务所提供的审查企业会计报表并出具审计报告、验证企业资本并出具验资报告、办理企业合并、分立、清算事宜中的审计服务并出具有关报告等服务收费价格放开。

表 4-11　　湖北省会计师事务所计时收费标准

职称	计费价格
主任/副主任会计师	每人每小时 400 元
注册会计师	每人每小时 300 元
助理会计师	每人每小时 180 元

表 4-12　　湖北省会计师事务所计件收费标准

收费项目	计费依据	差额定率累进计费	费率(‰)	备注
1. 验资	资本总额	30 万元（含）以下	5	起收点 2000 元
		30 万～100 万元（含）	3	
		100 万～300 万元（含）	0.7	
		300 万～500 万元（含）	0.3	
		500 万～1000 万元（含）	0.2	
		1000 万元以上（含）	0.1	
2. 年度财务报表审计	资产总额	100 万元以下（含）	3	起收点 3000 元
		100 万～500 万元（含）	0.75	
		500 万～1000 万元（含）	0.4	
		1000 万～5000 万元（含）	0.15	
		5000 万～1 亿元（含）	0.12	
		1 亿～10 亿元（含）	0.1	
		10 亿～50 亿元（含）	0.09	
		50 亿～100 亿元（含）	0.05	
		100 亿元以上	0.04	
3. 改制、清算、清产核资等专项审计	资产总额	一律	5	起收点 5000 元

续表

收费项目	计费依据	差额定率累进计费	费率（‰）	备注
4. 经济责任、离任审计	资产总额	100 万元以下（含）	—	3 年以内 10000 元；3～6 年 14000 元；6 年以上 18000 元
		100 万～500 万元（含）	0.5	—
		500 万～1000 万元（含）	0.4	—
		1000 万～5000 万元（含）	0.1	—
		5000 万～1 亿元（含）	0.04	—
		1 亿元以上	0.02	—
5. 内部控制鉴证按年度财务报表审计收费标准收取				
6. 基本建设工程决算审核业务	投资总额	一律	3	—
7. 涉税鉴证按鄂价房服〔2009〕361 号文件规定执行				
8. 企业绩效评价	资产总额或营业收入	一律	1	起收点 10000 元
9. 外汇收支业务情况表审核	外汇资产	一律	0.5	起收点 2000 元
10. 高新技术企业认定专项审计	高新技术企业收入	一律	1	起收点 5000 元
11. 预算支出（财政支出）绩效审计	预算支出总额	一律	3	起收点 5000 元
12. 非营利机构报表审计按年度报表审计收费标准的 70% 收取				
13. 司法会计鉴定	诉讼标的或鉴定标的孰低	一律	3	—
14. 证券、期货、金融相关业务收费标准（如下）				
（1）上市公司年报	资产总额	1 亿元以下（含）	2	起收点 200000 元
		1 亿～3 亿元（含）	0.65	
		3 亿～5 亿元（含）	0.55	
		5 亿～7 亿元（含）	0.5	
		7 亿～10 亿元（含）	0.45	
		10 亿元以上	0.3	

续表

收费项目	计费依据	差额定率累进计费	费率（‰）	备注
（2）前次募集资金使用情况的专项报告	审计资产总额	一律	1	收点50000元
（3）上市公司关联交易的专项说明	关联方资金占用交易金额	一律	1	收点50000元
（4）内部控制鉴证业务	资产总额	一律	1	收点50000元
（5）预测性财务信息的审核业务	年营业收入总额	一律	1	收点50000元

的情况下，审计服务收费差别很大往往会导致最终评分产生差距，收费低的会计师事务所会成交，进而影响服务的效果（冯国龙，2014）。

作为政府部门，购买审计服务的经费支出受到财政预算的限制，在购买审计服务时不可能完全按照政府指导价来付费，但是可以以政府指导价为基准做出适当的调整。无论是计时收费标准还是计件收费，确定合理的付费标准是很重要的。合理的费用标准有利于吸引素质高、经验丰富的社会审计机构参与，激励他们投入更多的精力去完成审计工作，保证审计质量。另外，合理的审计费用标准能够增加社会审计机构在参与审计时产生寻租行为的机会成本，从而促使其专注于完成工作，提高审计质量。

因此，政府应结合本地会计师事务所收费标准，综合考虑审计业务复杂程度、事务所的资质和能力等因素，合理测算项目成本，确定审计价格。

第五章

审计全覆盖背景下政府购买审计服务实施环节的实证研究

政府选定社会审计机构之后，就要按照规定或约定实施审计业务，实施审计业务环节是政府购买审计服务的最重要环节，直接关系到购买审计服务的目标能不能达成、审计质量能不能保证。总体而言，在审计全覆盖背景下、实施审计业务过程中，风险防范和质量控制是核心，合同签订与履行是关键，职责划分与责任承担是保障。对此，本章将通过问卷调查的方式进行实证研究[①]。

第一节 问卷调查的基本情况

为了能够了解国家审计机关审计人员、政府

① 政府对政府购买审计服务的信息披露不够充分，无法从相关网站或其他媒体获取政府购买审计服务中实施审计业务环节的数据，故本章采用问卷调查的方式进行实证研究。

内部审计人员、社会审计机构审计人员以及以审计研究人员为主的其他人员对于审计全覆盖背景下政府购买审计服务的认知情况，探寻实施审计业务环节的实际状况，探究其中存在的问题和解决方案，本书专门设计了问卷进行调查研究。需要说明的是，研究实施审计业务环节，不能机械地将该环节与其之前或之后的环节人为“割裂”开、“孤立”地进行研究，而应坚持“联系”的、“整体”的研究理念和立场，将实施审计业务之前的与之相关的购买意愿及相关认知、采购环节、选定社会审计机构与实施审计业务之后的绩效评价、责任承担等结合起来考察，这样才能使研究过程、研究结论更加完整和严谨。因此，在设计问卷时，将调查的事项适当向实施审计业务的前后环节进行了延伸。

问卷共设置七个题目①，每个题目的设置目的与主要内容如下：

第一题旨在了解被调查者的职业类型，设有“国家审计机关审计人员、行政事业单位内部审计人员、会计师事务所审计人员、其他”4 个选项。

第二题为量表题，旨在了解被调查者对于审计全覆盖背景下政府购买审计服务基本问题的认知情况，考察被调查者对以下三个观点的认可程度：第一个观点为“审计全覆盖政策的实施促进了政府购买社会审计服务”；第二个观点为“在审计全覆盖背景下，政府应尽可能多地购买社会审计服务”；第三个观点为“对专业技能要求较高的审计业务（如投资项目审计、涉外审计等），购买社会审计服务有助于提升审计质量”。“认可程度”按照程度高低分为“非常认可”“很大程度上认可”“基本认可”“很大程度上不认可”和“非常不认可”5 个层级。

① 问卷内容详见本书附录。

第三题为量表题，旨在了解政府在购买审计服务、选择社会审计机构时更看重社会审计机构的哪些条件。社会审计机构相关“条件”共列举了6项，分别是“专业资质或专业胜任能力”“规模”“声誉”“有无违法记录”“地理位置”和“审计服务价格”，“看重程度”从高到低依次为“很看重”“看重”“一般”“不看重”“很不看重”。

第四题为量标题，旨在调查关键具体环节在实施审计业务过程中的重要程度。这些关键环节有“签订业务合同”“业务培训”“现场指导监督”“中期检查与考核”“风险防范与质量控制”“绩效考核与责任划分”等六个方面，“重要程度”从高到低依次为“很重要”“重要”“一般”“不重要”和“很不重要”。

第五题为量表题，旨在调查在政府购买审计服务过程中不同类型风险的大小程度，可能存在的风险包括“业务合同约定不明确风险”“社会审计机构职业能力不胜任风险”“社会审计机构独立性风险”“寻租（廉政）风险”“审计目标偏离风险”和“业务垄断风险”6种类型，风险存在可能性的大小程度依次为“很大”“大”“一般”“不大”“很小”。

第六题为多选题，旨在调查防范政府购买审计服务风险、控制审计质量的具体措施，选项包括“完善中介机构的选任程序”“规范合同签订与履行”“加强全程跟踪监督与沟通”“强化对社会审计机构的服务绩效评价”“加大对违规人员或机构的处罚力度”。

最后一题为开放型题目，征求被调查者关于审计全覆盖背景下政府购买审计服务的意见或建议。

问卷通过“问卷星”① 平台编辑与维护，由本书作者及师友通

① “问卷星”是一个专业的在线问卷调查、测评、投票平台。该简介参见以下网址：https：//baike. so. com/doc/6299582 – 6513105. html。

过微信向目标人群发出，截止问卷统计之日，共收回有效问卷402份，具体构成如下表所示：

表5－1　收回问卷基本构成（按被调查者职业类型分类）

职业类型	小计	比例（%）
国家审计机关审计人员	108	26.87
行政事业单位内部审计人员	50	12.44
会计师事务所审计人员	61	15.17
其他（以从事审计研究的人员为主）	183	45.52
合计	402	100

从表5－1可知，被调查人员的职业是从事审计研究研究的"其他人员"占比最多，其次是国家审计机关审计人员，行政事业单位内部审计人员占比最少。①

第二节　问卷调查的信度效度检验

一、信度检验

信度是指问卷调查所得结果的一致性或稳定性，信度越大，表明调查问卷的测量误差越小。社会科学领域中有关类似李克特量表信度估计，采用最多的为克隆巴赫α（Cronbachα）系数，又称内部一致性α系数。α系数越高，其信度越高，测量误差值越小，代

① 由于作者工作性质的原因，接触到的从事审计研究人员较多，故收回的问卷中，该类型人员占比最高；但考虑到国家审计机关审计人员、行政事业单位内部审计人员和会计师事务所审计人员属于实务界人士，对政府购买审计实务了解可能更多，因此在本章问卷结果分析部分重点分析这三类实务界人士的相关数据。

表量表的内部一致性越好。

由表 5 -2 可知，第 2 题“审计全覆盖背景下政府购买审计服务的认可程度”Cronbachα 系数值为 0.831，表示此份量表内部一致性甚佳，整份量表信度很高。针对“项已删除的 α 系数”，任意题项被删除后，信度系数并不会有明显的上升，因此说明第 2 题任何一个题项不应该被删除。

表 5 -2　　信度检验 2

Cronbach 信度分析			
名称	校正项总计相关性（CITC）	项已删除的 α 系数	Cronbach α 系数
(1) 审计全覆盖政策的实施促进了政府购买社会审计服务	0.672	0.784	0.831
(2) 在审计全覆盖背景下，政府应尽可能多地购买社会审计服务	0.705	0.751	
(3) 对专业技能要求较高的审计业务（如投资项目审计、涉外审计等），购买社会审计服务有助于提升审计质量	0.694	0.763	

由表 5 -3 可知，第 3 题“政府购买审计服务在选择社会审计机构时，需要考虑社会审计机构的相关条件”，Cronbachα 系数值为 0.802，表示此份量表内部一致性佳，整份量表可以接受。针对“项已删除的 α 系数”，任意题项被删除后，信度系数并不会有明显的上升，因此说明第 3 题任何一个题项不应该被删除。

由下表 5 -4 可知，第 4 题“政府购买审计服务在实施审计业务的过程中，关键环节的重要性，”Cronbachα 系数值为 0.9，表示此份量表内部一致性甚佳，整份量表信度很高。针对“项已删除的 α 系数”，任意题项被删除后，信度系数并不会有明显的上升，因此说明第 4 题任何一个题项不应该被删除。

表 5-3　　信度检验 3

Cronbach 信度分析			
名称	校正项总计相关性（CITC）	项已删除的α系数	Cronbach α系数
（1）专业资质或专业胜任能力	0.562	0.774	0.802
（2）社会审计机构规模	0.648	0.75	
（3）社会审计机构声誉	0.64	0.757	
（4）社会审计机构有无违法记录	0.55	0.774	
（5）社会审计机构地理位置	0.491	0.795	
（6）社会审计机构审计服务价格	0.527	0.781	

表 5-4　　信度检验 4

Cronbach 信度分析			
名称	校正项总计相关性（CITC）	项已删除的α系数	Cronbach α系数
（1）签订业务合同	0.636	0.896	0.9
（2）业务培训	0.748	0.879	
（3）现场指导监督	0.734	0.882	
（4）中期检查与考核	0.777	0.875	
（5）风险防范与质量控制	0.756	0.879	
（6）绩效考核及责任划分	0.727	0.882	

由表 5-5 可知，第 5 题“在政府购买审计服务过程中，可能存在的风险大小，” Cronbachα 系数值为 0.892，表示此份量表内部一致性甚佳，整份量表信度很高。针对“项已删除的 α 系数”，任意题项被删除后，信度系数并不会有明显的上升，因此说明第 5 题任何一个题项不应该被删除。

表 5-5　　信度检验 5

Cronbach 信度分析			
名称	校正项总计相关性（CITC）	项已删除的 α 系数	Cronbach α 系数
（1）业务合同约定不明确风险	0.669	0.879	0.892
（2）社会审计机构职业能力不胜任风险	0.739	0.868	
（3）社会审计机构独立性风险	0.75	0.866	
（4）寻租（廉政）风险	0.712	0.872	
（5）审计目标偏离风险	0.747	0.867	
（6）业务垄断风险	0.652	0.883	

二、效度检验

效度是指测量结果有效程度，高效度表示测验结果越接近检测真实目的。高效度系数的问卷代表着问卷的正确性和有效性（柴辉，2010），效度有内容效度、准则效度和结构效度三类，内容效度是指测量结果对欲测范围内容的代表性程度，是由专家评价的一种主观指标；准则效度是指测量结果与某种外在准则之间的一致程度，需要选择一个合适的准则，其应用受到一定限制；结构效度是测量结果与测验的理论假设之间的一致程度，本书在编制问卷过程中使用的是结构效度检验法。

由表 5-6 可知，第 2 题“审计全覆盖背景下政府购买审计服务的观点”KMO 系数值为 0.722，效度可接受，所有研究项对应的共同度值均高于 0.4，旋转后累积方差解释率为 74.745% >50%。

表 5-6　　　　　　　　效度分析 2

效度分析结果		
名称	因子载荷系数	共同度
	因子 1	
(1) 审计全覆盖政策的实施促进了政府购买社会审计服务	0.853	0.728
(2) 在审计全覆盖背景下，政府应尽可能多地购买社会审计服务	0.874	0.763
(3) 对专业技能要求较高的审计业务（如投资项目审计、涉外审计等），购买社会审计服务有助于提升审计质量	0.867	0.751
累积方差解释率% (旋转后)	74.745	—
KMO 值	0.722	—
巴特球形值	653.676	—
df	3	—
p 值	0	—

由表 5-7 可知，第 3 题“政府购买审计服务在选择社会审计机构时，需要考虑社会审计机构的相关条件，”KMO 系数值为 0.782，效度较好。所有研究项对应的共同度值均高于 0.4，旋转后累积方差解释率为 73.006% >50%。

表 5-7　　　　　　　　效度分析 3

效度分析结果			
名称	因子载荷系数		共同度
	因子 1	因子 2	
(1) 专业资质或专业胜任能力	0.851	0.11	0.737
(2) 社会审计机构规模	0.555	0.56	0.621
(3) 社会审计机构声誉	0.84	0.226	0.756

续表

效度分析结果			
名称	因子载荷系数		共同度
	因子 1	因子 2	
(4) 社会审计机构有无违法记录	0.846	0.105	0.727
(5) 社会审计机构地理位置	0.09	0.891	0.803
(6) 社会审计机构审计服务价格	0.157	0.843	0.736
累积方差解释率% (旋转后)	41.449	73.006	—
KMO 值	0.782		—
巴特球形值	1335.965		—
df	15		—
p 值	0		—

由表 5-8 可知，第 4 题“政府购买审计服务在实施审计业务的过程中，关键环节的重要性，”KMO 系数值为 0.891，效度较好。所有研究项对应的共同度值均高于 0.4。旋转后累积方差解释率为 66.929% >50%。

表 5-8　　　　效度分析 4

效度分析结果		
名称	因子载荷系数	共同度
	因子 1	
(1) 签订业务合同	0.74	0.548
(2) 业务培训	0.829	0.687
(3) 现场指导监督	0.821	0.674
(4) 中期检查与考核	0.856	0.732
(5) 风险防范与质量控制	0.839	0.704
(6) 绩效考核及责任划分	0.819	0.671

续表

效度分析结果		
名称	因子载荷系数	共同度
	因子 1	
累积方差解释率%（旋转后）	66.929	—
KMO 值	0.891	—
巴特球形值	1984.806	—
df	15	—
p 值	0	—

由表 5-9 可知，第 5 题“在政府购买审计服务过程中，可能存在的风险大小”，KMO 系数值为 0.887，效度较好。所有研究项对应的共同度值均高于 0.4。旋转后累积方差解释率为 65.038% >50%。

表 5-9　　　　效度分析 5

效度分析结果		
名称	因子载荷系数	共同度
	因子 1	
（1）业务合同约定不明确风险	0.772	0.596
（2）社会审计机构职业能力不胜任风险	0.829	0.688
（3）社会审计机构独立性风险	0.837	0.701
（4）寻租（廉政）风险	0.807	0.652
（5）审计目标偏离风险	0.833	0.693
（6）业务垄断风险	0.757	0.572
累积方差解释率%（旋转后）	65.038	—
KMO 值	0.887	—
巴特球形值	1807.87	—
df	15	—
p 值	0	—

第三节　问卷调查的结果分析

一、对审计全覆盖背景下政府购买审计服务认可程度的分析

表 5 – 10 列出了被调查者对审计全覆盖背景下政府购买审计服务基本问题认知情况，其中，针对审计全覆盖政策的实施对政府购买社会审计服务的影响方面，大部分审计人员非常认可“审计全覆盖政策的实施促进了政府购买社会审计服务”。不同审计主体对此看法的认可程度略有不同，国家审计机关和会计师事务所的审计人员“非常认可”审计全覆盖政策的实施促进了政府购买社会审计服务，而行政事业单位内部审计人员“很大程度上”认可这一观点。

表 5 – 10　对审计全覆盖背景下政府购买审计服务的认可程度描述性统计

题项	选项	样本量	全样本百分比（%）	不同职业人员		
				国家审计机关（%）	行政事业单位（%）	会计师事务所（%）
（1）	1	188	**46.77**	**57.41**	36	**44.26**
	2	119	29.6	20.37	**50**	36.07
	3	73	18.16	13.89	6	18.03
	4	12	2.99	4.63	4	
	5	10	2.49	3.7	4	1.64
（2）	1	137	**34.08**	**38.89**	16	**52.46**
	2	109	27.11	21.3	30	27.87
	3	116	28.86	25.93	**42**	16.39
	4	29	7.21	8.33	10	1.64
	5	11	2.74	5.56	2	1.64

续表

题项	选项	样本量	全样本百分比（%）	不同职业人员		
				国家审计机关（%）	行政事业单位（%）	会计师事务所（%）
（3）	1	191	**47.51**	**48.15**	36	**60.66**
	2	132	32.84	27.78	**42**	24.59
	3	50	12.44	13.89	12	11.48
	4	18	4.48	6.48	4	
	5	11	2.74	3.7	6	3.28

大部分审计人员非常认可“审计全覆盖背景下，政府应尽可能多地购买社会审计服务”。不同审计主体对此看法的认可程度略有不同，国家审计机关和会计师事务所的审计人员“非常认可”审计全覆盖背景下，政府应尽可能多地购买社会审计服务，而行政事业单位内部审计人员仅仅是“基本认可”这一观点。

大部分审计人员非常认可“对专业技能要求较高的审计业务（如投资项目审计、涉外审计等），购买社会审计服务有助于提升审计质量”。不同审计主体对此看法的认可程度略有不同，国家审计机关和会计师事务所的审计人员非常认可“对专业技能要求较高的审计业务，购买社会审计服务有助于提升审计质量”，而行政事业单位内部审计人员“很大程度上认可”这一观点。

为分析被调查审计人员对审计全覆盖背景下政府购买审计服务的认可程度是否存在显著差异，本书按被调查审计人员的单位类型分为国家审计机关审计人员、行政事业单位内部审计人员和会计师事务所的审计人员三个组，对被调查审计人员的回答进行了单因素检验。当F值显著时，表示至少有两个组在因变量平均数上存在显著差异，随后运用事后比较法确定是哪些配对组在因变量平均数上存在显著差异。本书采用最小显著差异法（LSD法）进行事后比较。表 5 – 11 列示了对这 3 个观点单因素检验结果。由表 5 – 11 可知，3 个观点的平均值都没有超过 3，说明审计人员至少是“基本认可”这 3 个观点的。另外，对于“审计全覆盖背景下，政府应尽可能多地购买社会审计服务”的观点，国家审计机关审计人员和行政事业单位内部审计人员认可度显著高于会计师事务所的审计人员。三组审计人员对余下的 2 个观点的认可度没有显著差别。

表 5 – 11　对审计全覆盖背景下政府购买审计服务认可程度单因素检验的结果

题项	观察组	观察数	均值	标准差	F 检验	事后比较法
(1)	1	108	1.77	1.09	0.537	
	2	50	1.9	0.97		
	3	61	1.79	0.86		
	总数	219				
(2)	1	108	2.2	1.21	5.727 ***	1 > 3 ***，2 > 3 ***
	2	50	2.52	0.95		
	3	61	1.72	0.92		
	总数	219				
(3)	1	108	1.9	1.1	1.881	
	2	50	2.02	1.1		
	3	61	1.61	0.94		
	总数	219				

注：观察组 1 是国家审计机关审计人员，组 2 是行政事业单位内部审计人员，组 3 是会计师事务所审计人员。** $P < 0.05$，*** $P < 0.01$。

二、政府购买审计服务考虑社会审计机构相关条件的情况分析

表 5 – 12 列示了审计人员对政府购买审计服务在选择社会审计

机构时，需要考虑社会审计机构的相关条件的看法。由表5－12可知，审计人员总体“很看重”社会审计机构的“专业资质或专业胜任能力”“社会审计机构有无违法记录”“社会审计机构声誉”，“看重”社会审计机构的条件包括“社会审计机构规模”和“社会审计机构审计服务价格”，一般看重的是“社会审计机构地理位置”①。总体而言，社会审计机构的专业资质、社会声誉和有无违法纪录是审计人员认为在选择社会审计机构时最为看重的条件。

表5－12　政府购买审计服务中考虑社会审计机构的相关条件

题项	选项	样本量	全样本百分比（%）	不同职业人员		
				国家审计机关（%）	行政事业单位（%）	会计师事务所（%）
（1）	1	296	73.63	76.85	72	68.85
	2	91	22.64	21.3	18	22.95
	3	11	2.74	1.85	10	4.92
	4	3	0.75			3.28
	5	1	0.25			
（2）	1	105	26.12	33.33	14	19.67
	2	177	44.03	39.81	48	47.54
	3	102	25.37	25	34	24.59
	4	16	3.98	1.85	4	6.56
	5	2	0.5			1.64

① 尽管如此，但在政府采购审计服务实践中，最终承接审计业务的社会审计机构基本上都是购买方所在地的社会审计机构，这其中的矛盾之处值得关注。

续表

题项	选项	样本量	全样本百分比（%）	不同职业人员		
				国家审计机关（%）	行政事业单位（%）	会计师事务所（%）
(3)	1	252	62.69	68.52	60	50.82
	2	127	31.59	27.78	30	40.98
	3	16	3.98	3.7	6	4.92
	4	6	1.49		4	3.28
	5	1	0.25			
(4)	1	292	72.64	80.56	74	59.02
	2	86	21.39	18.52	22	26.23
	3	16	3.98	0.93	2	13.11
	4	7	1.74		2	1.64
	5	1	0.25			
(5)	1	71	17.66	24.07	8	9.84
	2	106	26.37	22.22	38	29.51
	3	157	39.05	37.04	46	37.7
	4	52	12.94	12.96	4	16.39
	5	16	3.98	3.7	4	6.56
(6)	1	79	19.65	27.78	10	21.31
	2	147	36.32	25	50	36.07
	3	142	35.32	38.89	32	32.79
	4	27	6.72	7.41	4	8.2
	5	7	1.74	0.93	4	1.64

下面检验这三组审计人员对政府购买审计服务在选择社会审计机构时考虑社会审计机构相关条件的选择是否有显著差异。由表5－13可知，“政府购买审计服务在选择社会审计机构时，考虑

社会审计机构的条件”的平均值都没有超过 3，说明审计人员至少是“基本看重”这 6 个条件的。对于“社会审计机构有无违法记录”这一条件，会计师事务所审计人员看重程度显著高于国家审计机关人员和行政事业单位内部审计人员。

表 5－13　政府购买审计服务中考虑社会审计机构相关条件单因素检验的结果

题项	观察组	观察数	均值	标准差	F 检验	事后比较法
(1)	1	108	1.25	0.48	1.446	
	2	50	1.38	0.67		
	3	61	1.43	0.74		
	总数	219				
(2)	1	108	1.95	0.81	2.411	
	2	50	2.28	0.76		
	3	61	2.23	0.9		
	总数	219				
(3)	1	108	1.35	0.55	2.256	
	2	50	1.54	0.79		
	3	61	1.61	0.74		
	总数	219				
(4)	1	108	1.2	0.43	4.299***	3>1***，3>2***
	2	50	1.32	0.62		
	3	61	1.57	0.78		
	总数	219				
(5)	1	108	2.5	1.11	1.119	
	2	50	2.58	0.86		
	3	61	2.8	1.05		
	总数	219				

续表

题项	观察组	观察数	均值	标准差	F 检验	事后比较法
（6）	1	108	2.29	0.99	0.272	
	2	50	2.42	0.88		
	3	61	2.33	0.96		
	总数	219				

注：观察组 1 是国家审计机关审计人员，组 2 是行政事业单位内部审计人员，组 3 是会计师事务所审计人员。

三、实施审计业务过程中各个环节的重要程度分析

表 5－14 列示了审计人员对政府购买审计服务在实施审计业务过程中各个环节的重要程度的看法。由表 5－14 可知，审计人员总体认为“风险防范与质量控制”“签订业务合同”“绩效考核及责任划分”“现场指导监督”“业务培训”“中期检查与考核”都是实施审计业务过程中“很重要”的环节，最重要的是“风险防范与质量控制”“签订业务合同”“绩效考核及责任划分”三个环节或方面。三组审计人员对实施审计业务过程中各个环节的重要程度的看法略有不同，行政事业单位内部审计人员认为“业务培训”是“重要”环节，会计师事务所审计人员认为“中期检查与考核”是“重要”环节。

下面检验这三组审计人员对政府购买审计服务在实施审计业务过程中各个环节的重要程度选择是否有显著差异。由表 5－15 可知，“政府购买审计服务在实施审计业务过程中各个环节的重要程度”平均值都没有超过 2，说明审计人员认为这 6 个环节至少是“重要”的。对于“中期检查与考核”这一环节，会计师事务所审计人员看重程度显著高于国家审计机关人员和行政事业单位内部审计人员；对于“绩效考核及责任划分”，会计师事务所审计人员看重程度显著高于国家审计机关人员。

表 5 – 14　实施审计业务过程中各个环节的重要程度

题项	选项	样本量	全样本百分比（%）	不同职业人员		
				国家审计机关（%）	行政事业单位（%）	会计师事务所（%）
（1）	1	266	66. 17	69. 44	66	75. 41
	2	108	26. 87	23. 15	28	16. 39
	3	24	5. 97	7. 41	6	8. 2
	4	3	0. 75			
	5	1	0. 25			
（2）	1	199	49. 5	61. 11	40	49. 18
	2	172	42. 79	34. 26	56	44. 26
	3	26	6. 47	4. 63	2	6. 56
	4	3	0. 75		2	
	5	2	0. 5			
（3）	1	215	53. 48	61. 11	58	54. 1
	2	150	37. 31	35. 19	34	39. 34
	3	27	6. 72	3. 7	6	4. 92
	4	7	1. 74		2	1. 64
	5	3	0. 75			
（4）	1	190	47. 26	55. 56	58	37. 7
	2	171	42. 54	37. 96	34	45. 9
	3	33	8. 21	6. 48	6	14. 75
	4	7	1. 74		2	1. 64
	5	1	0. 25			
（5）	1	292	72. 64	76. 85	78	70. 49
	2	95	23. 63	21. 3	18	22. 95
	3	13	3. 23	1. 85	4	6. 56
	4	1	0. 25			
	5	1	0. 25			

续表

题项	选项	样本量	全样本百分比（%）	不同职业人员		
				国家审计机关（%）	行政事业单位（%）	会计师事务所（%）
(6)	1	229	56.97	64.81	62	45.9
	2	140	34.83	31.48	28	37.7
	3	30	7.46	2.78	10	16.39
	4	2	0.5	0.93		
	5	1	0.25			

表5－15　实施审计业务过程中各个环节的重要程度单因素检验

题项	观察组	观察数	均值	标准差	F检验	事后比较法
(1)	1	108	1.38	0.62	1.058	
	2	50	1.4	0.61		
	3	61	1.33	0.63		
	总数	219				
(2)	1	108	1.44	0.58	2.275	
	2	50	1.66	0.63		
	3	61	1.57	0.62		
	总数	219				
(3)	1	108	1.43	0.57	2.243	
	2	50	1.52	0.71		
	3	61	1.54	0.67		
	总数	219				
(4)	1	108	1.51	0.62	3.445**	3>1**，3>2**
	2	50	1.52	0.71		
	3	61	1.8	0.75		
	总数	219				

续表

题项	观察组	观察数	均值	标准差	F 检验	事后比较法
(5)	1	108	1.25	0.48	1.133	
	2	50	1.26	0.53		
	3	61	1.36	0.61		
	总数	219				
(6)	1	108	1.4	0.59	2.864^{**}	$3>1^{***}$,
	2	50	1.48	0.68		
	3	61	1.7	0.74		
	总数	219				

注：观察组 1 是国家审计机关审计人员，组 2 是行政事业单位内部审计人员，组 3 是会计师事务所审计人员。

四、政府购买审计服务过程中可能存在的风险分析

表 5-16 列示了审计人员对政府购买审计服务过程中可能存在的风险的判断。由表 5-16 可知，审计人员总体认为“社会审计机构职业能力不胜任风险”“社会审计机构独立性风险”和“寻租（廉政）风险”都是购买审计服务过程中可能存在的“很大”的风险，而“业务合同约定不明确风险”“审计目标偏离风险”和“业务垄断风险”都是“大”的风险。三组审计人员对政府购买审计服务过程中可能存在的风险性的判断略有不同，国家审计机关人员和行政事业单位内部审计人员认为“业务合同约定不明确风险”是“很大”的风险，行政事业单位内部审计人员认为“寻租（廉政）风险”是“大”的风险，国家审计机关人员认为“审计目标偏离风险”是“很大”的风险，国家审计机关人员认为“业务垄断风险”是“很大”的风险，而行政事业单位内部审计人员却认为“业务垄断风险”是“一般”风险。

表 5－16　政府购买审计服务过程中可能存在的风险

题项	选项	样本量	全样本百分比（%）	不同职业人员		
				国家审计机关（%）	行政事业单位（%）	会计师事务所（%）
(1)	1	132	32.84	39.81	46	29.51
	2	169	42.04	39.81	42	34.43
	3	82	20.4	19.44	12	26.23
	4	16	3.98			9.84
	5	3	0.75	0.93		
(2)	1	166	41.29	51.85	60	37.7
	2	153	38.06	33.33	32	34.43
	3	71	17.66	14.81	8	21.31
	4	8	1.99			3.28
	5	4	1			3.28
(3)	1	168	41.79	48.15	42	42.62
	2	136	33.83	30.56	34	27.87
	3	75	18.66	18.52	22	14.75
	4	17	4.23	2.78	2	9.84
	5	6	1.49			4.92
(4)	1	177	44.03	56.48	36	39.34
	2	149	37.06	31.48	42	37.7
	3	56	13.93	11.11	18	14.75
	4	14	3.48	0.93	4	4.92
	5	6	1.49			3.28
(5)	1	132	32.84	44.44	36	22.95
	2	159	39.55	35.19	40	39.34
	3	92	22.89	18.52	24	24.59
	4	13	3.23	1.85		9.84
	5	6	1.49			3.28

续表

题项	选项	样本量	全样本百分比（%）	不同职业人员		
				国家审计机关（%）	行政事业单位（%）	会计师事务所（%）
（6）	1	110	27.36	35.19	22	29.51
	2	137	34.08	25	36	36.07
	3	116	28.86	28.7	38	21.31
	4	30	7.46	8.33	2	9.84
	5	9	2.24	2.78	2	3.28

下面检验这三组审计人员对政府购买审计服务过程中可能存在的风险性判断是否有显著差异。由表 5-17 可知，“政府购买审计服务过程中可能存在的风险性判断”平均值都没有超过 3，说明审计人员认为这 6 个风险至少是比较大的。对于“业务合同约定不明确”“社会审计机构职业能力不胜任”和“审计目标偏离”这三个风险发生的可能性，会计师事务所审计人员认为显著高于国家审计机关人员和行政事业单位内部审计人员；对于“寻租（廉政）”风险发生的可能性，行政事业单位内部审计人员和会计师事务所审计人员认为显著高于国家审计机关人员。

表 5-17　政府购买审计服务过程中可能存在风险的单因素检验

题项	观察组	观察数	均值	标准差	F 检验	事后比较法
（1）	1	108	1.82	0.81	5.503***	3>1***，3>2***
	2	50	1.66	0.69		
	3	61	2.16	0.97		
	总数	219				

续表

题项	观察组	观察数	均值	标准差	F 检验	事后比较法
(2)	1	108	1.63	0.73	8.235***	3>1***，3>2***
	2	50	1.48	0.65		
	3	61	2.00	1.02		
	总数	219				
(3)	1	108	1.76	0.85	1.593	
	2	50	1.84	0.84		
	3	61	2.07	1.2		
	总数	219				
(4)	1	108	1.56	0.73	3.857***	2>1**，3>1***
	2	50	1.9	0.84		
	3	61	1.95	1.02		
	总数	219				
(5)	1	108	1.78	0.81	5.511***	3>1***，3>2**
	2	50	1.88	0.77		
	3	61	2.31	1.04		
	总数	219				
(6)	1	108	2.19	1.1	0.134	
	2	50	2.26	0.9		
	3	61	2.21	1.08		
	总数	219				

注：观察组 1 是国家审计机关审计人员，组 2 是行政事业单位内部审计人员，组 3 是会计师事务所审计人员。

五、防范政府购买审计服务过程中的风险、控制审计质量的措施分析

表 5－18 列示了审计人员认为可以通过哪些措施防范政府购买审计服务过程中的风险、控制审计质量。由表 5－18 可知，审计人

员总体认为“加强全程跟踪监督与沟通”“完善中介机构的选任程序”“规范合同签订与履行”“加大对违规人员或机构的处罚力度”以及“强化对社会审计机构的服务绩效评价”这五项措施都可以防范政府购买审计服务过程中的风险、控制审计质量，其中“加强全程跟踪监督与沟通”被审计人员选择的比例最高。不同职业类型的审计人员的选择基本相同。

表 5-18　防范政府购买审计服务过程中风险的措施

题项	选项	样本量	样本百分比（%）	不同职业类型人员		
				国家审计机关（%）	行政事业单位（%）	会计师事务所（%）
(6)	1	354	88.06	87.96	92.00	93.44
	2	333	82.84	91.67	96.00	90.16
	3	356	88.55	98.15	96.00	100.00
	4	327	81.34	81.48	94.00	90.16
	5	329	81.84	87.04	78.00	81.97

第四节　本章结论与讨论

通过问卷调查与分析，可以得出以下结论：一是被调查者普遍认为，审计全覆盖政策的实施促进了政府购买审计服务，政府应尽可能多地购买社会审计服务；对专业技能要求较高的审计业务（如投资项目审计、涉外审计等），购买社会审计服务有助于提升审计质量。二是政府在选择社会审计机构实施审计业务时，最看重社会审计机构的“专业资质或专业胜任能力”“有无违法记录”和

"声誉"，其次是"社会审计机构规模"和"审计服务价格"，一般看重的是"社会审计机构地理位置"。三是在实施审计业务过程中，最重要的是"风险防范与质量控制""签订业务合同""绩效考核及责任划分"，其次是"现场指导监督""业务培训"和"中期检查与考核"等环节。四是在政府购买审计服务过程中，"社会审计机构职业能力不胜任风险""社会审计机构独立性风险"和"寻租（廉政）风险"是可能存在的"很大"的风险，其次是"业务合同约定不明确风险""审计目标偏离风险"和"业务垄断风险"。五是对于防范政府购买审计服务过程中的风险、控制审计质量措施方面，"加强全程跟踪监督与沟通"最为重要，其次是"完善中介机构的选任程序""规范合同签订与履行""加大对违规人员或机构的处罚力度"以及"强化对社会审计机构的服务绩效评价"也很重要。

正如问卷调查结果，在实施审计业务过程中，最重要的环节是"风险防范与质量控制""签订业务合同""绩效考核及责任划分"，其中风险防范与质量控制是核心，合同签订与履行是关键，职责划分与责任承担是保障，下面将就这三个重要环节进行进一步探讨。

一、关于政府购买审计服务风险防范与质量控制的进一步探讨

（一）关于主要风险的进一步探讨

根据问卷调查结果，"社会审计机构职业能力不胜任风险""社会审计机构独立性风险""寻租（廉政）风险""业务合同约定不明确风险""审计目标偏离风险"和"业务垄断风险"都是审计全覆盖背景下政府购买审计服务可能存在的风险，其风险程度也按照前述顺序由高到低排列。下面依次对这几类风险的基本内涵进行简要阐述。

1. 社会审计机构职业能力不胜任风险

一方面，社会审计机构总体上的职业能力可能存在不胜任的风险；另一方面，即使社会审计机构声誉好、规模大、质量高，但有可能委派职业能力不胜任的人员开展审计工作。在市场经济条件下，社会审计人员只在合同约定的范围进行审计，为节约成本往往尽量减少工时和工作量；有些会计师事务所将政府委托的审计业务当作锻炼新人的场所，使用缺乏业务经验的员工或实习生进行审计；即便社会审计人员具备较为丰富的审计经验和财务知识，且政府审计准则在很大程度上与公司审计准则存在一致性，但不可忽视的是，与普通审计业务相比，政府委托的审计业务存在一定的特殊性，若社会审计人员未充分考虑这种特殊性，那么审计结果可能不尽如人意。在实践过程中，一些受托事务所出于以上理由，对被审计单位中较为严重的内控问题只字未提，未能达到审计目的，不得不要求返工重审（周金华等，2013）。

2. 社会审计机构独立性与权威性风险

在政府购买审计服务领域，“独立性”和“权威性”是同一事物的两个方面。

一方面，由于社会审计机构的属性，其审计行为的权威性不够，进而可能影响其独立性。现实中，政府购买审计服务往往存在社会审计机构出具的审计意见和结论不严谨、审计证据不充分等情况。正因为诸如此类的各种问题所在，导致社会审计机构出具的审计结果，无论是否以政府名义发布或运用，被审计对象对该审计结果的权威性可能会存在一定疑虑，被审计对象对此结果认同程度及落实力度可能会打折扣。

另一方面，社会审计机构与被审计对象之间可能合谋，影响社会审计机构的独立性。此外，由于其“独立性”不够，还有可能导致政府核心资料与技术的泄露。公共部门的审计业务作为政府监管中的核心业务，参与其中的都是审计机关或政府内部审计的重要人员，而一旦将这些业务交由社会审计机构承担，由社会审计审计机构全权执行或协助完成，都可能存在泄漏被审计单位核心资料和核心技术的问题。

3. 寻租（廉政）风险

寻租风险涉及两个方面，一是政府与社会审计机构之间可能产生寻租风险，二是社会审计机构与被审计单位之间可能存在寻租行为。第一种风险产生于政府购买审计服务的环节中，社会审计机构可能通过不正当手段贿赂政府机关获得提供审计服务的机会，产生寻租行为，导致廉政风险。第二种风险产生于实施审计业务的环节，社会审计机构承接政府委托审计业务之后，在对被审计单位实施审计的过程中，被审计单位极有可能向社会审计机构提供额外的经济利益，两者合谋，使社会审计机构出具更有利于被审计单位的审计意见。

4. 业务合同约定不明确风险

我国政府向社会力量购买审计服务的实践还处在探索阶段，目前仍然缺乏相关政策法规的精细化引导。在确定审计业务承接主体后，双方需签订业务合同，但实践中该合同条款和内容往往套用政府购买其他服务的合同，购买方与承接方签订的业务合同对双方的权利与义务可能约定不明确，导致实施审计业务没有明确依据，合同不能有效履行。

5. 审计目标偏离风险

承接审计业务的社会审计机构审计人员因为不熟悉公共部门审计过程中相关政策的运用，以及缺乏国家审计相关规定的了解，导致在实际实施过程中存在政策使用的偏差。比如，社会审计中主要关注企业或者项目运行过程中资金的使用动态，重视数量化的考量，而公共部门审计中不仅关注数量，同时还要在性质上、国家公众利益以及行政体制等方面进行综合性考量。虽然，一般在进行审计业务外包之前要对注册会计师进行相关的政策法规培训，但在实际实施审计过程中，由于社会审计机构缺乏充足的政府审计经验，还是在审计过程中存在偏离原目标的风险。

6. 业务垄断风险

由于各种原因，某一地域或某一部门的审计业务可能长期被一个或少数几个社会审计机构垄断。从作者手工收集到的近 3000 个政府采购审计服务的案例数据来看，最终成交的社会审计机构往往都是购买方所在地的社会审计机构，这说明政府在选择社会审计机构时可能存在“地方保护主义”的倾向，与相关政府部门保持密切往来的社会审计机构可能长期垄断该部门委托的审计业务。

（二）关于防范风险与提高审计质量措施的进一步探讨

针对以上风险，结合问卷调查的情况，本书建议从“完善中介机构的选任程序”“规范合同签订与履行”“加强全程跟踪监督与沟通”“强化对社会审计机构的服务绩效评价”“加大对违规人员或机构的处罚力度”等方面防范风险、提高审计质量。

1. 完善社会审计机构的选任程序

选择合适的社会审计机构对于政府购买社会审计服务的成功实施具有举足轻重的意义，而健全的选任程序是能否选择到合适的社会审计机构的重要保障。对于机构的选任，集中采购的，应当按照政府采购法的规定规范和完善采购流程；从中介机构备选库中选择的，应当做到公平、公正、公开，突出“质量”导向。另外，应增加购买经费、科学定价，防止承接方因收费少而降低审计质量。

2. 规范合同签订与履行

业务合同是政府购买审计服务委托方与承接方开展工作的依据，政府与社会审计机构应认真规范地签订政府审计服务购买合同，对履行的标的（审计工作内容）、期限、进度安排、收费标准、保密条款、违约责任等双方的权利义务做出明确规定。合同签订后，双方应全面履行合同约定，非经双方协商一致并按照法定程序，不得随意变更合同条款。

3. 加强全程跟踪、沟通与监督

在实施审计业务过程中，政府不应甩手不管，而应加强全程跟踪、沟通与监督。在审计工作的准备阶段，审计项目负责人应与社会审计机构进行充分沟通、交流，明确审计工作的目标与计划安排；在社会审计人员进驻项目组后，审计项目组负责人应向其介绍审计工作的具体实施方案，要求社会审计人员按照方案中的审计目标、要求与计划开展审计工作；在实施审计业务过程中，双方应保持信息共享、实时沟通，遇到审计重点难点要共同研究、共同解决。此外，要调动政府相关部门、第三方评审机构、服务对象、社会公众等力量，通过建立事前、事中、事后的全过程监管机制，提高政府购买社会审计服务的绩效。

4. 强化对社会审计机构的服务绩效评价

在社会审计机构完成约定的审计工作后，政府要对社会审计机构的服务质量与绩效进行评价。评价的内容包括履行业务合同承诺的情况、审计项目的质量、专业胜任能力和职业道德、廉政情况、归档资料的完整性等方面，评价方法可以采用定性、定量或者定性定量相结合的方式。政府要根据评价结果，改进管理措施，落实管理责任，将评价结果作为建立社会审计机构备选库、选择和确定社会审计机构的重要参考。

5. 加大对违规机构或人员的处罚力度

对于社会中介机构或人员在政府购买审计服务中有违规行为的，除了按照合同约定要求其承担违约责任外，还应按照相关规定对其进行处罚。常见的违规行为有：违反法定审计程序，工作期间不接受委托方监督管理；与被审计单位串通舞弊、接受不正当利益；擅自以委托方名义从事与审计事项无关的活动；发现被审计单位内部控制制度重大缺陷或重大违纪违法问题不报告；将受托审计事项转包、分包给他人，擅自使用审计结果；承担审计工作存在严重质量问题；等等。针对上述违规行为，政府应视情节采取停止其承担的工作、解除业务合同、取消入库资格、列入“黑名单”、追究违约责任、移送有关部门处理并曝光等措施；涉嫌其他违法或犯罪的，移送相关机关处理。

二、关于政府购买审计服务合同签订与履行的进一步探讨

政府购买审计服务是将市场竞争机制引入公共部门审计领域的产物，其实施应在政府引导下突出市场机制的作用；而牢固树立合同意识、充分发挥合同作用是市场机制的重要标志，因此，合同的签订与履行在政府购买审计服务过程中起到了非常重要的作用。

政府应当按照合同管理权限与程序，负责起草审计业务外包合同，正式签订前应当提交相关法律部门审查或征求法律顾问或律师意见，以规避其中的法律风险。选择确定社会审计机构后，政府应与其签订书面的业务合同，该合同主要内容应当包括：服务范围和内容、工作目标与质量要求、提供服务的机构和人员资质条件、成果形式与提交时间、费用及支付方式、廉政、回避与保密承诺、双方的其他权利义务、违约责任及争议解决方式、其他约定事项等。

在合同签订后，应强化合同履行管理。可以成立专门的合同管理小组，专门负责审计合同的管理，全方位监管合同的履行，双方应全面履行合同约定，非经双方协商一致并按照法定程序，不得随意变更合同条款。该合同管理小组可以积累审计业务外包合同的经验、吸取相关的教训，不断修订、完善格式合同条款，为今后签订审计业务外包合同提供更加完善、规范、更具有可操作性的统一合同模板。

三、关于政府购买审计服务职责划分与责任承担的进一步探讨

政府可以购买审计服务，但审计机关或内部审计机构的职责与责任不能外包。一般而言，审计机关或内部审计机构承担的主要是法定职责，社会审计机构承担的主要是合同约定的职责；业务实施过程中，审计机关或内部审计机构不能做“甩手掌柜”，而应履行决策、组织、管理、监管等职责。

依据免疫系统论的理论基础，政府购买审计服务，实质上是“免疫系统”借助外界力量，“借助”并非全部“转让”，最终发挥免疫功能的仍旧是自身的“免疫系统”，因此，“服务”可以购买，但“责任”不能外包，在社会审计机构实施审计服务时，审计机关与内部审计机构应当全程指导、跟进和监督，对于社会审计机构提供的审计结果，如果审计机关与内部审计机构采纳并形成审计意见，其责任应由审计机关或内部审计机构承担。

第六章 研究结论、政策建议与研究展望

第一节 研究结论

当前，中国特色社会主义进入新时代，中国特色社会主义审计事业也进入了新时代，“审计全覆盖”是新时代审计事业的重要特征和内在要求。“审计全覆盖”既是政策与背景，又是目标与要求。要实现对公共资金、国有资产、国有资源和领导干部经济责任情况审计全覆盖，需要国家审计机关、政府内部审计机构不断完善自身建设，但在人员数量不足、相关专业技能不够的情况下，需要向会计师事务所等社会机构购买审计服务。

政府购买审计服务成为当前我国实现审计监督全覆盖的重要手段，有利于凝聚审计力量、形成审计合力，整合审计资源、优化审计资源配置，从而构建各方审计力量共同参与的“大审

计”格局。“审计全覆盖”不仅要求覆盖面要全，更要求提高审计质量，增强审计监督整体效能。政府购买审计服务横跨“政府”和“市场”，成为了沟通和连接国家审计、政府内部审计和社会审计的桥梁和纽带，既有利于拓宽审计覆盖面，也有利于提高审计质量。

本书针对政府购买审计服务的国内外发展历程与现状、理论基础与法律依据、购买审计服务的动因、政府购买审计服务的采购环节、实施审计服务过程中的职责划分与责任承担、风险防控与质量控制等基本问题进行系统深入研究，这些研究有助于丰富政府购买审计服务的研究内容体系，推进该问题研究的系统性与深入性，能为开展政府购买审计服务实践提供更加完善的理论支撑；同时，本书研究还具有直接的现实意义，有助于更好地推动政府购买审计服务实践。具体意义在于以下几个方面：

（1）厘清了政府购买审计服务的理论基础和法律依据。相对于一般的政府行为，政府审计及政府内部审计具有特殊性，它是党和国家监督体系的重要组成部分，是对公共权力运行中经济行为的约束或监督行为，是法律赋予审计机关或机构的法定职责。这种“特殊性”“法定性”的存在，使政府购买审计服务必须谨慎，必须有充足的理论支撑与充分的法律授权方能实施。尤其是在审计全覆盖的背景下，一方面为达到“全覆盖”的目标，需要尽可能多地购买审计服务；另一方面，对政府购买审计服务的理论基础和法律依据尚未彻底探明，可能在具体实践时缺乏充足依据。因此，本书对政府购买审计服务的理论基础和法律依据的研究显得尤为重要，在政府购买审计服务理论研究中处于根本性地位。

（2）探明了政府购买审计服务的动因和意愿。本书立足于审计全覆盖的背景，就政府购买审计服务的动因和意愿进行规范与实证分析，即探讨政府为何会选择购买审计服务、购买审计服务意愿的强弱决定因素以及购买审计服务的业务种类范畴。从国家宏观政策驱动、审计业务主题或类型、成本效益原则等层面对政府购买审计业务的动因与意愿进行研究，深入剖析了政府选择购买审计服务的内在驱动因素，厘清了各种驱动因素的逻辑关系，能够为政府购买审计服务提供正确导向。

（3）提出了完善政府购买审计服务的采购方式与程序的建议。本书认为，政府购买审计服务，不仅要追求覆盖面，还要确保和提高审计质量。一般意义上讲，国际“四大”会计师事务所或国内“十大”会计师事务所能够提供更高质量的审计服务，但在现实中，承接政府委托的审计业务的事务所大部分是委托单位所在地的本地事务所，其中几乎没有“四大”，也鲜有“十大”。因此，本书结合法律规定与现实状况，探究了政府购买审计服务采购程序，对采购程序进行实证分析，探讨不同采购方式的采购效率与效果、探索何种采购方式更有利于选择到高质量的社会审计机构。

（4）分析了加强政府购买审计的风险防控与质量控制的措施。审计全覆盖的要求与背景，既给政府购买审计服务带来机遇，同时也由于各种因素也加大了相关风险。如何有效识别和防范可能发生的风险，控制和提高审计质量，成为摆在我们面前的重大课题。本题对该问题进行专题讨论，为现实中如何防范政府审计外包风险、控制审计质量提出相关意见或建议。

（5）明确了政府购买审计服务的职责划分与责任承担的基本原则。政府购买审计服务具有“复杂性”，在主体上涉及政府审计机关或政府内部审计部门、社会审计机构和被审计对象三方的权利义务关系，内容上涉及审计机关或政府内部审计部门的法定职权与社会审计机构的约定事项，法律责任方面涉及行政责任、民事责任甚至是刑事责任，等等。本书从理论层面探究出界定政府购买审计服务相关各方的职责划分与责任承担的一般规律，即各方的权利义务如何、谁对审计结果或审计意见负责等，具有重要意义。

本书对以下主要问题进行研究，并得出相应的研究结论：

第一，关于政府购买审计服务的政策法律依据与理论基础方面。经过对文献、资料及政策法律整理与分析，本书认为我国政府购买审计服务的政策法律依据已经基本完善，既有党中央、国务院的政策依据，又有法律、行政法规、地方性法规、行政规章等层级的法律规范依据。但遗憾的是，《中华人民共和国审计法》中却没有明确规定，审计署也没有制定统一的审计机关购买审计服务管理办法，建议在《审计法》修订时对政府购买审计服务进行明确规定授权，并由审计署出台相关具体规定。在理论基础方面，在审计全覆盖背景下，我国政府购买审计服务的理论基础可以表述为：以“免疫系统论”为核心、以公共受托经济责任理论等其他相关理论为辅助的理论体系，这一体系既包括交易成本理论、新公共管理理论、协同治理理论等“共性”理论基础，更包括“免疫系统论”、公共受托经济责任理论等“个性”理论基础。

第二，关于政府购买审计服务的动因方面。经过实证分析，本书认为在审计全覆盖背景下，政府购买审计服务的主要动因可以从三个层面进行解构：第一个层面是宏观的国家要求即政策法律驱动层面，国家通过制定政策要求实现“审计全覆盖”，通过法律规定授权政府适当购买社会审计服务、整合审计资源，这成为政府购买审计服务的顶层驱动因素；第二个层面是具体的审计机关和内部审计机构需求层面，审计机关和内部审计机构对完成繁重审计工作任务的追求，通过社会审计力量参与来弥补自身人员数量和专业素质不足的现实需要，对降低交易成本和提高审计质量的追求等方面因素是政府购买审计服务的直接驱动因素；第三个层面是社会审计机构需求，承接审计机关和内部审计机构委托的审计业务是社会审计机构的重要业务与收入来源之一，该利益诉求是政府购买审计业务的间接驱动因素。

第三，关于政府购买审计服务的采购环节方面。经实证研究发现，不同采购方式的采购效率和效果存在一定的差异。招标方式的成交效率最低、耗时最长，其次是竞争性磋商，采购最快的是竞争性谈判；但相比竞争性谈判，政府利用招标和竞争性磋商的购买方式更容易选择到具备良好市场声誉的高质量会计师事务所；而高质量的会计师事务所比其他事务所的成交价格更高且“折扣”更少，这符合审计定价原理。本书认为在审计全覆盖背景下政府购买审计服务的集中采购环节，不能只求“采购速度快”“成交价格低”，而应突出“质量导向”。建议在公开招标数额标准以下的，多采用竞争性磋商的采购方式，增加磋商机会，采用综合评分法确定供应商，并在评审过程中选聘一定的注册会计师担任评审专家，尽量避免“价低者得”“忽视质量”的情形。

第四，关于政府购买审计服务实施审计业务环节方面。本书认为在审计全覆盖背景下、实施审计业务过程中，风险防范和质量控制是核心，合同签订与履行是关键，职责划分与责任承担是保障。经过问卷调查与分析，本书发现实施审计业务过程中，最重要的环节是“风险防范与质量控制”“签订业务合同”“绩效考核及责任划分”；其次是“现场指导监督”“业务培训”和“中期检查与考核”等环节。风险方面，“社会审计机构职业能力不胜任风险”“社会审计机构独立性风险”和“寻租（廉政）风险”是可能存在的“很大”的风险；其次是“业务合同约定不明确风险”“审计目标偏离风险”和“业务垄断风险”。对于防范政府购买审计服务过程中的风险、控制审计质量措施方面，“加强全程跟踪监督与沟通”最为重要；其次是“完善中介机构的选任程序”“规范合同签订与履行”；再次“加大对违规人员或机构的处罚力度”以及“强化对社会审计机构的服务绩效评价”也很重要。此外，关于职责划分和责任承担方面，依据免疫系统论的理论基础，政府购买审计服务，实质上是“免疫系统”借助外界力量，“借助”并非全部“转让”，最终发挥免疫功能的仍旧是自身的“免疫系统”。因此，“服务”可以购买，但“责任”不能外包。在社会审计机构实施审计服务时，审计机关与内部审计机构应当全程指导、跟进和监督，对于社会审计机构提供的审计结果，如果审计机关与内部审计机构采纳并形成审计意见，其责任应由审计机关或内部审计机构承担。

第二节　政策建议

依据本书研究，结合相关文献，提出审计全覆盖背景下完善政府购买审计服务的政策建议如下：

一、完善政策法律依据，强化依法购买审计服务

要贯彻全面依法治国的战略要求，做到“依法审计”，具体到政府购买审计服务领域，要进一步完善相关政策法律依据，强化依法购买审计服务。

第一，尽快实现相关政策向法律的转化。坚持党对法治与审计工作的领导①，将审计全覆盖政策中的核心理念转化为相关法律。

① 中央审计委员会的成立是加强党对审计工作领导的重要体现与保障。在中央审计委员会成立之前，审计机关隶属于国家行政机关，由审计机关对党的机构、国家立法、司法机关进行审计似乎在体制机制上不够顺畅；中央审计委员会成立后，这一切都理顺了：中央审计委员会统领全党全国审计工作，其办公室设在审计署（相应的地方审计委员会办公室设在相应一级审计机关），审计机关去审计党的机构及立法、司法机关就有了权力依据。

第二，在审计法修订中，明确规定“根据审计工作需要，审计机关可以向社会审计组织等社会力量购买服务”①。按照《宪法》《立法法》等宪法性文件规定以及政府审计的职责性质，当前关于政府审计外包依据的规范性文件效力等级偏低，需要在更高效力等级的规范性文件如《审计法》中对政府审计外包进行授权。第三，制订专门针对政府购买审计服务整体执行规范的法律文件，包括购买社会审计服务的内容、对象、经费安排以及全流程监督等；关于政府审计外包的相关规定过于概括，缺乏可操作性，需要在相关法律法规或规章中细化关于政府审计外包的具体规定。第四，建议修订政府采购法，将竞争性磋商方式纳入其中。第五，制订有关监管社会中介机构为政府提供审计服务的管理办法，从法律层面规范社会中介机构的服务质量。为更好地提高政府购买审计服务的服务质量，应从提高社会审计中介机构的监督管理效力着手，制定相关管理办法。

二、厘清政府购买审计服务的业务种类与范畴

我国政府就哪些符合购买社会审计服务的内容尚未制定统一的目录，导致在判断到底某一项业务是否属于可外包范围时存在一定的模糊性，同时增大了相关风险。因此，政府在考虑中介机构人员的专业资质之外，还要考虑该项审计业务是否能市场化，是否其购买成本低于自行完成的成本，是否符合社会需求。

具体来说，确定是否符合购买社会审计服务范围的标准时，要综合考虑审计业务是否涉密，是否属于专属性较高的审计业务，以及交易成本方面的考量。同时，应科学界定政府购买审计服务的程度。对于社会中介机构无法单独胜任的涉及政府机密的审计业务，

① 在本书写作过程中，我们欣喜地看到，最新的审计法（征求意见稿）中已经增加了相应的内容，希望最终通过实施的审计法中能包含关于审计机关购买审计服务的规定。

需要政府与社会中介进行合作完成；对于审计业务比较繁杂，单纯凭一家中介机构的力量无法胜任的业务，可以由多家社会审计机构共同完成，等等。此外，审计业务种类不同，鼓励购买的程度不同。概括而言，就国家审计而言，审计机关应审慎购买，要努力加强自身建设，增强“免疫功能”；内部审计可以加大购买力度。

三、健全购买方式与程序

根据我国招标法律的规定，政府进行社会服务的采购方式，主要有公开招标、邀请招标、竞争性谈判、竞争性磋商、询价、单一来源采购等六种方式。建议在公开招标数额标准以下的，多采用竞争性磋商的采购方式，增加磋商机会，采用综合评分法确定供应商，并在评审过程中选聘一定的注册会计师担任评审专家，尽量避免“价低者得”“忽视质量”的情形。

加强政府采购信息公开管理，政府采购信息公开是规范政府采购行为，加强社会监督，打造阳光采购的重要举措。加强政府采购诚信管理，推行信用承诺制度，加强对政府采购违法失信行为的惩戒。依法处理政府采购当事人违法违规行为，设置严重违法失信行为信息专栏，及时将政府采购严重违法失信行为信息在“全国政府采购严重违法失信行为记录名单”曝光，形成“一处受罚、处处受限”的信用机制。①

关于中介机构备选库方面，为改善注册会计师行业的营商环境，建议全面排查备选库，避免重复建库、多层次建库。同时，加强事务所备选库的后续监督管理，严防建库单位与招标代理机构、事务所串通舞弊，实现公平竞争。

① 参见中国政府采购网2019年8月8日新闻《湖北省：着力优化政府采购营商环境》，网址：http://www.ccgp.gov.cn/gpsr/。

要规范政府机构与中介机构进行服务购买的合同条款制定。在原有的合同框架基础上，借鉴实际审计过程中出现的问题进行及时修改和完善，制定具有较强可行性和监管力度的服务购买合同条款，更好地明确合同双方的权利和义务，减少合同在实践过程中因条款不清晰而引发的各类风险。

政府应当按照合同管理权限与程序，负责起草审计业务外包合同，正式签订前应当提交相关法律部门审查或征求法律顾问或律师意见，以规避其中的法律风险。选择确定社会审计机构后，政府应与其签订书面的业务合同，该合同主要内容应当包括：服务范围和内容、工作目标与质量要求，提供服务的机构和人员资质条件、成果形式与提交时间、费用及支付方式，廉政、回避与保密承诺，双方的其他权利义务、违约责任及争议解决方式、其他约定事项等。

在合同签订后，应强化合同履行管理。可以成立专门的合同管理小组，专门负责审计合同的管理，全方位监管合同的履行，双方应全面履行合同约定，非经双方协商一致并按照法定程序，不得随意变更合同条款。

四、注重风险防范与质量控制

完善社会审计机构的选任程序。选择合适的社会审计机构对于政府购买社会审计服务的成功实施具有举足轻重的意义，而健全的选任程序是能否选择到合适的社会审计机构的重要保障。对于机构的选任，集中采购的，应当按照政府采购法的规定规范和完善采购流程；从中介机构备选库中选择的，应当做到公平、公正、公开，突出“质量”导向。另外，应增加购买经费、科学定价，防止承接方因收费少而降低审计质量。

加强全程跟踪、沟通与监督。在实施审计业务过程中，政府不应甩手不管，而应加强全程跟踪、沟通与监督。在审计工作的准备阶段，审计项目负责人应与社会审计机构进行充分沟通、交流，明确审计工作的目标与计划安排；在社会审计人员进驻项目组后，审计项目组负责人应向其介绍审计工作的具体实施方案，要求社会审计人员按照方案中的审计目标、要求与计划开展审计工作；在实施审计业务过程中，双方应保持信息共享、实时沟通，遇到审计重点难点要共同研究、共同解决。此外，要调动政府相关部门、第三方评审机构、服务对象、社会公众等力量，通过建立事前、事中、事后的全过程监管机制，提高政府购买社会审计服务的绩效。

强化对社会审计机构的服务绩效评价。在社会审计机构完成约定的审计工作后，政府要对社会审计机构的服务质量与绩效进行评价。评价的内容包括履行业务合同承诺的情况、审计项目的质量、专业胜任能力和职业道德、廉政情况、归档资料的完整性等方面，评价方法可以采用定性、定量或者定性定量相结合的方式。政府要根据评价结果，改进管理措施，落实管理责任，将评价结果作为建立社会审计机构备选库、选择和确定社会审计机构的重要参考。

加大对违规机构或人员的处罚力度。对于社会中介机构或人员在政府购买审计服务中有违规行为的，除了按照合同约定要求其承担违约责任外，还应按照相关规定对其进行处罚。常见的违规行为有：违反法定审计程序，工作期间不接受委托方监督管理；与被审计单位串通舞弊、接受不正当利益；擅自以委托方名义从事与审计事项无关的活动；发现被审计单位内部控制制度重大缺陷或重大违纪违法问题不报告；将受托审计事项转包、分包给他人，擅自使用审计结果；承担审计工作存在严重质量问题；等等。针对上述违规行为，政府应视情节采取停止其承担的工作、解除业务合同、取消入库资格、列入“黑名单”、追究违约责任、移送有关部门处理并曝光等措施；涉嫌其他违法或犯罪的，移送相关机关处理。

针对全覆盖背景下政府购买审计服务的主要风险，政府应当加强质量控制，实施全方位监管，即从计划—委托—实施—复核—报告的全环节和全过程监管。要完善审核流程，加强事中跟踪监督和沟通，建立业务绩效评价指标体系，必要时可以尝试建立优质社会审计机构库及“黑名单”，激励社会审计机构提高审计质量，始终秉持良好的执业素质和职业道德。

做好政府购买审计服务在实施过程中的监控是提高业务审计质量的重要途径，鉴于目前我国政府购买审计服务在实践过程中出现的绩效评价机制缺失以及专人监管职能不完善等问题，建议从以下方面进行完善：

首先，建立完善的绩效评价制度。针对购买服务合同价款的大小采取不同的购买评价模式，购买金额较小的可以采用政府内部评价为主，购买金额较大的应建立综合性评价体制，并引入社会各方面专家评审建议。建立有关政府部门与社会审计人员的全面绩效评价指标体系，其中包含审计的投入成本、服务绩效、社会公正度以及社会满意度四方面指标，具体来说，一是根据政府购买社会审计服务的考察因素确定各项具体的评价指标；二是根据各指标的重要程度设定不同的权重比例；三是根据审计业务完结之后的各项评价计算评分，作为最终的绩效评价分数，在最终进行合同价款清算时进行一定的奖惩。如果最终得分低于政府审计部门预期设定的目标，就对剩余的服务价款进行扣除；如果最后总得分远远高于预期的指标，就额外进行一定的奖励。

其次，在政府部门设立专人专职岗位用以监督业务实施的全过程。为更好地实现政府在购买审计服务过程中的全面监控，应做到全程监控和相关数据的实时记录。在设立部门时考虑到公平公正性，可以邀请中介机构的若干成员联合办公，保证审计业务在执行全过程中的实时监督，针对发现的问题及时进行调整和处理，并实时记录相关的案例数据，建立公开对外的数据分享平台，保证社会民众的知情权，以更好地督促审计业务的顺利进行。

五、明确政府购买审计服务的职责划分与责任承担

依据免疫系统论的理论基础，政府购买审计服务，实质上是“免疫系统”借助外界力量，“借助”并非全部“转让”，最终发挥免疫功能的仍旧是自身的“免疫系统”，因此，“服务”可以购买，但“责任”不能外包，在社会审计机构实施审计服务时，审计机关与内部审计机构应当全程指导、跟进和监督，对于社会审计机构提供的审计结果，相关主体承担责任的基本原则是“谁出具审计意见，谁负责”。如果审计机关与内部审计机构采纳并形成审计意见，其责任应由审计机关或内部审计机构承担。

政府可以购买审计服务，但审计机关或内部审计机构的职责与责任不能外包。一般而言，审计机关或内部审计机构承担的主要是法定职责，社会审计机构承担的主要是合同约定的职责，有违法犯罪行为时承担相应法律责任。业务实施过程中，审计机关或内部审计机构不能做“甩手掌柜”，而应履行决策、组织、管理、监管等职责。

明确政府购买审计服务的责任划分可以有效约束社会中介机构的行为规范，并及时处理在进行政府审计业务处理时发现的问题。如果由于社会中介机构工作人员的主观原因造成政府审计业务出现机密泄露等严重问题，一方面可以在经济上进行一定的惩处，比如扣除部分尚未支付的购买服务费用，并对因此造成的经济损失进行一定比例的赔偿；另一方面如果该行为性质严重并造成恶劣后果，需要从法律层面进行严肃处理，包括取消其入选中介机构资料库的资格，以及移交相关司法机关处理等。如果出现了政府部门与中介机构的寻租行为，并导致了严重后果，需要对政府机构与中介机构两方进行一定的惩处，包括两方相关责任人的经济和法律处罚。通过责任的明确划分和严格的惩处机制，有效提高审计人员在从业过

程中的独立性和严谨性，全面提高审计业务的工作质量。

第三节　研究创新、局限与展望

一、本书创新

本书可能的创新点有以下两个大方面：

（一）研究内容上的创新

一是本书认真梳理政府购买审计服务的国内外发展历程与现状，重点对其政策法律依据的现状进行系统分析，提出当前我国政府购买审计服务的政策依据需要尽快转化为法律依据；关于政府购买审计服务依据的规范性文件效力等级偏低，需要在更高效力等级的规范性文件《审计法》中进行授权；建议审计署出台相关具体规定。

二是更系统全面的阐释政府购买审计服务的理论基础，尝试重构了以“免疫系统论”为核心、以公共受托经济责任理论等其他相关理论为辅助的理论基础体系。

此外，在政府购买审计服务动因、采购环节、实施审计业务环节等研究方面有所创新。系统分析了政府购买审计服务的驱动因素，不同采购方式的采购效率与效果，实施审计业务环节的各方权利义务、风险防范与质量控制、职责划分与责任承担等问题。

（二）研究方法上的创新

关于政府购买审计服务的研究，现有文献大多数都是用规范研究的方式进行的，实证研究极为少见。本书通过手工收集的近3000个样本，对相关问题进行实证研究，具有一定的创新性。

二、研究局限

第一，实证研究样本的局限。本书第二章和第三章进行实证分析所依据的样本系作者从各省份政府采购网上获取的数据，由于每个省份政府采购审计服务的信息披露程度不同，以及作者搜集数据过程或技术存在一定不足，该数据所包含的信息并不全面。从样本内容上看，这些数据中没有包括政府未购买审计服务而自主完成的审计业务的样本，这导致在实证检验政府购买审计服务的意愿时，没有相对准确“参照系”，即缺乏“已经购买审计服务的审计业务”与“没有购买审计服务的审计业务”的对比分析；从样本反映数据信息的“时间区间”看，样本信息只是反映从“发布政府购买审计服务公告”到“确定成交单位”这一时间段的数据，没有成交后“实施审计业务”环节的相关数据；此外，样本只是反映了政府通过集中采购方式进行的政府购买审计服务相关信息，缺乏政府直接从中介机构备选库中个别选择审计机构或个别聘请相关人员参与审计业务的信息。

第二，研究内容方面的局限。主要体现在以下几个方面：一是关于国外政府购买审计服务的现状掌握不够，由于受文献资料的限制，对国外政府购买审计服务现状只进行了概括性描述，没有进行非常全面系统的梳理；二是关于理论基础方面，虽然本书对相关理论基础进行了重构，但对重构后的理论基础分析还不够深入；三是关于政府购买审计服务的业务种类和范畴，本书进行了原则性的阐释，没有详细列举国家审计和政府内部审计的各项业务类型中，到底哪些种类更适合购买审计服务，哪些种类不能购买审计服务。

第三，研究方法方面的局限。由于样本方面的不足，本书在研究政府购买审计服务的“实施审计业务”环节相关问题时，只能“退而求其次”，采用问卷调查方式进行。问卷调查方式虽然也是实证研究的重要方式，但其获取的信息更偏向于被调查者认知方面的信息，其可信度和实证效力会打一定的折扣。此外，由于作者对实证研究方法的运用还不够熟练，相关章节的模型建立、数据处理、回归分析、稳健性检验等方面有待进一步完善。

三、研究展望

第一，针对研究样本不足，丰富并完善研究样本。首先，今后将加大数据搜集与获取力度，力争能获得政府部门自主完成的审计业务数据，与购买审计服务的审计业务进行对比研究，更好地分析政府购买审计服务的意愿、动因与相关业务种类。其次，通过到政府部门实地调研等方式，获取更多的关于政府购买审计服务非集中采购方式选择社会审计机构以及“实施审计业务”环节的数据，使对这些问题的研究有更多实据可依。

第二，针对研究内容局限，增加研究宽度与深度。一是通过各种渠道，搜集关于国外政府购买审计服务发展历程与实践现状的文献、资料，更好地分析国外现状，为完善我国政府购买审计服务提供借鉴；二是更加系统地研究政府购买审计服务的理论基础，探寻理论基础与实际操作之间更为清晰准确的逻辑关系，为政府购买审计服务实践找到坚实的理论依据；三是详细列举目前我国国家审计和政府内部审计的具体业务种类，该业务种类的内容、要求与属性，依据相关政府法律和理论基础，力争能制作出可以购买审计服务的业务种类正面清单和不能购买审计服务的业务种类负面清单。

第三，针对研究方法问题，改进与健全研究方法。加强对实证研究方法的学习与运用，提升实证研究的能力与水平。如果能获取大量政府购买审计服务“实施审计业务环节”的案例数据，就可以在这些样本基础上，通过建立模型、进行回归分析的方式对相关问题进行检验或验证。此外，即使继续采用问卷调查方式，也要进一步完善问卷内容，扩大问卷调查的范围，优化对问卷结果的梳理、处理与运用分析。

参考文献 References

[1] 宝璋．中国审计史稿［M］．福州：福建人民出版社，2006.

[2] 蔡春，孙婷，叶建明．中国内资会计师事务所合并效果研究［J］．会计研究，2011（1）：83－89.

[3] 蔡春．审计理论结构研究［M］．大连：东北财经大学出版社，2001.

[4] 曹越，罗泽芸，伍中信．新常态下国家审计监督治理功能研究［J］．会计之友，2017（16）：103－107.

[5] 曾寿喜，刘国常．国家审计的改革与发展［M］．北京：中国时代经济出版社，2007.

[6] 曾亚敏，张俊生．会计师事务所合并、审计市场结构与审计定价［J］．审计与经济研究，2012（1）：40－47.

[7] 陈波．经济依赖、声誉效益与审计质量——以会计师事务所分所为分析单位的实证研究［J］．审计与经济研究，2013

(5): 40-49.

[8] 陈晨. 公共部门注册会计师审计制度研究 [D]. 蚌埠: 安徽财经大学, 2017.

[9] 陈骏, 吴青. 政府职能转型背景下的国家审计治理功能 [J]. 审计与经济研究, 2009 (1): 22-27.

[10] 陈力. 政府购买审计服务参与国家投资审计探析 [J]. 绵阳师范学院学报, 2010, 29 (12): 6-9.

[11] 陈龙腾. 国外内部审计外包及启示 [J]. 中国国际财经, 2017 (22): 124.

[12] 陈全. 浅谈会计师事务所在"政府购买社会服务"中的作用 [J]. 会计师, 2014 (17): 60-61.

[13] 陈小林, 张雪华, 闫焕民. 事务所转制、审计师个人特征与会计稳健性 [J]. 会计研究, 2016 (6): 77-85.

[14] 陈媛媛. 中国政府审计服务外包相关问题的探讨——以制度分析和发展框架为视角 [J]. 商, 2015 (24): 110-111.

[15] 成颖利. 行政事业单位内控基础上的审计外包 [J]. 当代会计, 2016 (8): 51-52.

[16] 丁友刚, 甘慧希. 美国联邦政府 CFO 法案的经验与启示 [J]. 会计之友, 2012 (18): 30-33.

[17] 范世昌, 陈雄智. 军队审计购买社会服务关键问题研究 [J]. 审计月刊, 2017 (10): 22-23.

[18] 冯国龙. 注册会计师参与政府审计的问题研究 [D]. 北京: 北京交通大学, 2014.

[19] 冯银波, 叶陈刚. 审计师声誉、行业专长与审计定价 [J]. 西安财经学院学报, 2018, 31 (5): 32-40.

[20] 傅黎瑛. 内部审计外包中的独立性和决策标准问题研究 [J]. 管理世界, 2008 (9): 177-179.

[21] 关俊. 工程项目中引入社会审计咨询服务存在的问题及对策——基于审计机关视角 [J]. 工程经济, 2018, 28 (5): 77 - 80.

[22] 郭书维. 关于内部审计外包的安全性和法律规范探讨 [J]. 现代财经, 2010, 30 (3): 82 - 87.

[23] 何雪锋, 何敏, 王秀霞. 基于逆向选择的政府购买 CPA 服务的进化博弈分析 [J]. 重庆理工大学学报 (社会科学), 2016, 30 (8): 40 - 45.

[24] 贺超蓉. 湖南高速公路建设项目审计外包的问题与对策 [D]. 长沙: 湖南大学, 2012.

[25] 贺知巧. 政府购买公共服务研究 [D]. 北京: 财政部财政科学研究所, 2014.

[26] 胡贵安. 经济宪法理论对国家审计权的功能阐释 [J]. 南京社会科学, 2009 (11): 141 - 145.

[27] 黄旸杨. 谈谈高校内部审计外包的现状及风险防范 [J]. 现代经济信息, 2017 (8): 156 - 157.

[28] 贾云洁. 澳大利亚政府审计外包及其对我国的启示 [J]. 审计研究, 2014 (6): 63 - 71.

[29] 姜迎雪, 李淳惠. 国家治理视角下政府购买审计服务的探讨 [J]. 商业会计, 2015 (13): 46 - 47.

[30] 姜迎雪. 基于双重受托责任探析政府购买审计服务 [J]. 审计月刊, 2015 (4): 7 - 8.

[31] 姜迎雪. 政府购买审计服务探析——基于双重受托责任的视角 [J]. 财会研究, 2015 (4): 5 - 7.

[32] 李丹. 免疫系统论视角下的 JTKG 集团内部审计问题研究 [D]. 南京: 南京大学, 2015.

[33] 李晗, 张立民. 政府购买社会组织服务审计研究——基于中国红十字会总会彩票公益金项目 [J]. 财会月刊, 2016

(30)：99－103.

［34］李莉．利用和管理社会审计资源参与政府审计的思考［J］．科学导刊，2010（4）：77－78.

［35］李连军，薛云奎．中国证券市场审计师声誉溢价与审计质量的经验研究［J］．中国会计评论，2007，5（3）：401－414.

［36］李明辉，刘笑霞．会计师事务所合并的动因与经济后果：一个文献综述［J］．审计研究，2010（5）：61－67.

［37］李明辉，张娟，刘笑霞．会计师事务所合并对审计定价［J］．审计研究，2012（5）：86－92.

［38］李明辉．会计师事务所合并与审计质量——基于德勤华永和中瑞岳华两起合并案的研究［J］．中国经济问题，2011（1）：98－106.

［39］李兴文，丛斌．关于政府向社会组织购买公共服务的若干思考［J］．经济研究参考，2015（8）：87－93.

［40］李媛媛，郑石桥．公共组织外部审计师聘任机制：理论框架和例证分析［J］．商业会计，2016（23）：9－14.

［41］梁刚，陈慧朴．基于价值增值视角的内部审计外包决策［J］．会计之友，2016（8）：102－104.

［42］梁锴．政府购买审计服务的质量控制研究［J］．当代经济，2017（6）：50－52.

［43］蔺丰奇，李佳航．论政府购买公共服务的规范化建设——基于社会学制度主义的分析视角［J］．经济与管理，2014（2）：88－94.

［44］刘奔．交往与文化［J］．哲学研究，1996（2）：61－75.

［45］刘明辉，汪玉兰．事务所声誉、法律环境与审计合约稳定性［J］．会计与经济研究，2015，29（3）：78－89.

［46］刘启亮，李祎，张建平．媒体负面报道、诉讼风险与审

计契约稳定性：基于外部治理视角的研究［J］．管理世界，2013（11）：144－154.

［47］刘启亮、刘波罗、何威风．我国会计师事务所的扩张有效吗？［J］．会计论坛，2011（5）：18－30.

［48］刘澍．政府审计业务外包的缘起及其运行机制完善［J］．改革与开放，2016（13）：12－14.

［49］刘曦．地方政府购买审计服务的现状及其对策［J］．行政事业资产与财务，2014（25）：23－24.

［50］刘栩萌．国家审计购买民间审计服务质量评价指标体系研究［J］．经济研究导刊，2018（9）：130－131.

［51］刘栩萌．政府审计购买民间审计服务的策略和路径研究［J］．经贸实践，2017（2）：193－194.

［52］刘玉波．政府购买审计服务面临的风险及规避策略［J］．经济师，2015（2）：159－160.

［53］陆晓晖．我国注册会计师参与政府财务报告审计的机遇和挑战［J］．财务与会计，2016（10）：65－66.

［54］陆正飞，童盼．审计意见、审计师变更与监管政策——一项以14号规则为例的经验研究［J］．审计研究，2003（3）：30－35.

［55］吕涛．政府投资项目工程审计服务外包的管理研究［D］．南京：南京审计大学，2017.

［56］马东山，叶子荣．公共受托责任视角下国家审计职能演化研究——兼论国家审计“免疫系统”功能的形成［J］．财会月刊，2012（36）：10－12.

［57］马俊．注册会计师参与政府审计的问题研究［J］．商业会计，2016（23）：189.

［58］马莹．政府购买注册会计师服务的制度设计研究［D］．福州：福州大学，2013.

［59］娜仁格日乐，徐雯．政府投资项目审计的问题分析与对策［J］．财会研究，2017（9）：64－66．

［60］彭浩．借鉴发达国家经验推进政府购买公共服务［J］．财政研究，2010（7）：48－50．

［61］齐海丽．政府购买社会组织公共服务的现实困境与未来趋势［J］．中共天津市委党校学报，2012（6）：45－49．

［62］齐静，杨宇佳．山东：采取政府购买服务方式进行全省性社会组织法人离任审计［J］．中国社会组织，2017（8）：63．

［63］秦基超，宋宜蔚．政府购买审计服务可行性思考［J］．审计月刊，2016（8）：23－24．

［64］仇成．政府审计机关购买社会审计服务的必要理论架构［J］．现代商业，2016（19）：65－66．

［65］施丽鹏．关于完善政府购买注册会计师服务的建议［J］．西部财会，2018（4）：72－75．

［66］石恒贵．地方政府审计业务外包决策的影响因素研究——以湖南省长沙县审计局为例［J］．会计之友，2018（24）：108－112．

［67］石恒贵．内部审计外包与审计独立性［J］．商业研究，2011（8）：150－155．

［68］时艳．国家治理导向下国家审计功能的新思考［J］．山东工商学院学报，2012（6）：99－102．

［69］苏明，贾西津，孙洁，韩俊魁．中国政府购买公共服务研究［J］．财政研究，2010（1）：9－17．

［70］苏欣．审计全覆盖背景下政府购买社会审计服务法律规制研究［J］．黑龙江社会科学，2017（4）：106－110．

［71］孙文刚，贺婧．政府购买社会审计服务运行模式及保障研究［J］．齐鲁珠坛，2015（6）：47－50．

[72] 谭斌. 浅论审计机关购买社会审计服务参与政府投资审计 [J]. 中国乡镇企业会计, 2015 (3): 179 - 180.

[73] 谭洪涛, 蔡春. 新准则实施会计质量实证研究——来自A股上市公司的经验证据 [J]. 中国会计评论, 2009, 7 (2): 127 - 156.

[74] 谭燕. 资源控制权、控制权收益与会计师事务所合并 [J]. 会计研究, 2006 (6): 41 - 47.

[75] 唐东海. 内部审计业务外包实施中有关问题的探讨 [J]. 轻工科技, 2014 (5): 123 - 125.

[76] 唐跃军. 审计收费、审计委员会与意见购买——来自2004—2005年中国上市公司的证据 [J]. 金融研究, 2007 (4): 114 - 128.

[77] 王兵, 辛清泉, 杨德明. 审计师声誉影响股票定价吗? ——来自IPO定价市场化的证据 [J]. 会计研究, 2009 (11): 73 - 96.

[78] 王德元. 我国公共投资项目政府审计研究 [D]. 武汉: 武汉理工大学, 2010.

[79] 王枫云, 林志聪. 我国城市基层政府的公共服务购买探论 [J]. 思想战线, 2012 (2): 70 - 74.

[80] 王丽平. 促进政府购买公共服务健康发展 [J]. 宏观经济管理, 2013 (11): 68 - 69.

[81] 王羚. 推动政府购买审计服务发展的问题探析 [J]. 财会学习, 2015 (6): 46 - 48.

[82] 王庆正, 李生念. 关于气象部门购买社会审计服务的实践与思考 [J]. 中国乡镇企业会计, 2016 (9): 170 - 171.

[83] 王生交. 政府购买会计审计服务的绩效评价研究 [J]. 中国注册会计师, 2015 (10): 81 - 85, 3.

[84] 王鑫. 注册会计师参与政府购买审计服务的探讨 [J]. 财政监督, 2016 (15): 68 - 71.

[85] 王亚菲, 李素英. 国家审计购买社会审计服务存在的问题及对策 [J]. 农村经济与科技, 2018, 29 (4): 197.

[86] 魏晓雁. 政府购买审计服务质量的驱动因素——以地方审计机关为测试对象 [J]. 财会月刊, 2019 (14): 129 - 135.

[87] 文硕. 世界审计史 [M]. 北京: 企业管理出版社, 1996.

[88] 吴健茹, 朱殿骅, 刘芳. PPP 项目政府购买审计服务浅析 [J]. 审计月刊, 2017 (5): 16 - 17.

[89] 吴磊. 政府向社会组织购买公共服务的风险分析及其防范机制 [J]. 开发研究, 2014 (3): 92 - 95.

[90] 吴月. 政府购买公共服务的异化 [J]. 天府新论, 2014 (6): 103 - 108.

[91] 武献杰, 张连起. 让提案沾满泥土, 把调研写在大地 [J]. 财务与会计, 2017 (7): 9 - 10.

[92] 肖明婧. 关于内部审计外包的思考 [J]. 农业经济与科技, 2017, 28 (21): 172 - 174.

[93] 肖小凤. 审计师声誉的形成机制与经验检验 [D]. 长沙: 湖南大学, 2012.

[94] 谢娇. 基于审计全覆盖的政府审计业务外包初探 [J]. 中国管理信息化, 2016, 19 (7): 14 - 16.

[95] 徐超, 齐思君. 政府购买审计服务思考 [J]. 财会通讯, 2014 (31): 108 - 109.

[96] 徐会超, 余颖婕. 高校内部审计外包中的独立性问题探究 [J]. 审计文摘, 2018 (6): 136 - 139.

[97] 徐向真, 张雪菲. 政府购买注册会计师服务: 现状、问题与对策 [J]. 西安财经学院学报, 2017, 30 (6): 5 - 10.

[98] 徐向真. 政府审计业务外包相关问题探讨 [J]. 审计月刊, 2014 (7): 15-16.

[99] 许存格. 政府审计组织的创新——矩阵结构组织形式 [J]. 会计之友 (下旬刊), 2010 (6): 106-107.

[100] 许庆豪, 温国栋, 陈妍. 政府购买公共服务实务研究——以审计机关为例 [J]. 机构与行政, 2016 (10): 5-8.

[101] 杨丹丹. 政府审计机关购买社会审计服务的质量控制研究 [D]. 南京: 南京审计大学, 2017.

[102] 杨柯. 政府向社会组织购买公共服务的发展困境及道路选择 [J]. 理论月刊, 2013 (1): 129-132.

[103] 杨时展. 杨时展论文集 [M]. 北京: 企业管理出版社, 1997.

[104] 杨肃昌. 中国国家审计: 问题与改革 [M]. 北京: 中国财政经济出版社, 2004.

[105] 叶陈刚, 刘桂春, 姜亚凝. 财务报告重述、审计师变更与内部控制缺陷披露: 基于深圳主板市场2010年的经验证据 [J]. 经济与管理研究, 2013 (8): 108-115.

[106] 应超. 审计建立新型管理制度的初步构想——由"政府购买社会审计服务"引发的思考 [J]. 审计月刊, 2015 (6): 9-12.

[107] 余弟伟. 审计全覆盖背景下的审计机关统筹整合审计资源研究 [D]. 蚌埠: 安徽财经大学, 2017.

[108] 袁伟, 周盟. 审计全覆盖背景下政府审计业务外包的决策研究 [J]. 商业会计, 2017 (12): 63-66.

[109] 原红旗, 韩维芳. 签字会计师的执业特征与审计质量 [J]. 中国会计评论, 2012, 10 (3): 275-302.

[110] 张爱勤. 科学整合审计资源提高审计工作质量 [J]. 财经界 (学术版), 2010 (7): 212.

［111］张安平．政府审计机关购买社会审计服务的风险研究［D］．昆明：云南大学，2016．

［112］张俊生，曾亚敏．事务所合并对审计质量的影响［J］．审计研究，2010（5）：53－60．

［113］张丽达，冯均科，陈军梅．媒体监督、内部控制与审计意见［J］．审计研究，2016（5）：73－81．

［114］张良忠．加强对购买社会审计服务的管理［J］．现代审计与经济，2017（6）：38．

［115］张龙平，李璐．我国政府审计质量控制的改进问题研究［J］．管理世界，2009（5）：176－177．

［116］张龙平．国家审计20年回眸与反思（八）——国家审计结果公告制度的现状分析与改进建议［J］．湖北审计，2003（8）：24－25．

［117］张龙平．国家审计20年回眸与反思（六）——国家审计报告准则与实务的改进设想［J］．湖北审计，2003（6）：30－31．

［118］张梅．内部审计外包的优势与缺点及质量控制对策［J］．新闻世界，2014（4）：341－342．

［119］张倩．我国政府审计与注册会计师审计资源整合的研究［D］．长沙：长沙理工大学，2013．

［120］张倩．我国政府审计与注册会计师审计资源整合的研究［D］．长沙：长沙理工大学，2017．

［121］张小丽．政府公益性购买CPA服务绩效评估体系研究［D］．福州：福州大学，2014．

［122］张雪菲，徐向真．政府购买审计服务研究［J］．新会计，2017（12）：32－35．

［123］赵红霞．我国政府购买社会审计效果研究［D］．杭州：浙江财经大学，2017．

［124］赵家政．关于政府审计外包的若干思考［J］．现代商业，2017（20）：147－148.

［125］赵军锋，金太军．走向“国家审计”：国家治理现代化进程中的国家审计［J］．江海学刊，2019（1）：137－141.

［126］赵雪梅．政府审计业务外包的风险与防范［J］．商业会计，2016（13）：92－94.

［127］郑石桥．公共组织的民间审计需求：理论框架和例证分析［J］．商业会计，2016（18）：8－12.

［128］郑石桥．国有资源经管责任、人性缺陷和政府审计［J］．会计之友，2015（11）：129－136.

［129］郑石桥．交易成本、审计主题和政府审计业务外包［J］．会计之友，2015（7）：130－136.

［130］钟文胜，张艳．国家审计购买社会审计服务的风险防范——基于湖南省高速公路跟踪审计的案例分析［J］．南华大学学报（社会科学版），2018，19（2）：69－75.

［131］仲杨梅，张龙平．职业化视角下的国家审计人力资源管理框架研究［J］．审计研究，2017（5）：3－9.

［132］周金华，吴琦，雷虹．事业单位内部审计外包的可行性分析［J］．财会研究，2013（9）：61－63.

［133］周俊．政府购买公共服务的风险及其防范［J］．中国行政管理，2010（6）：13－18.

［134］周亚荣．政府治理视角下的中国政府绩效审计研究［M］．武汉：武汉大学出版社，2010.

［135］朱会敏．审计全覆盖背景下政府环境审计外包研究［J］．财会研究，2016（10）：60－62.

［136］朱炜江，李伟．政府审计外包机制构建——基于构建全面覆盖监督体系的新要求［J］．湖南行政学院学报，2018（1）：

15 - 18.

［137］朱志宏．政府购买社会审计服务开展审计项目的探索［J］．财经界（学术版），2016（5）：287.

［138］《中国特色社会主义审计理论研究》课题组．中国特色社会主义审计理论研究［M］．北京：中国时代经济出版社，2013.

［139］Bandyopadhyay S P，Kao J L. Competition and big - six brand name reputation：evidence from the Ontario municipal audit market［J］．Social Science Electronic Publishing. 2000，18（1）：27 - 64.

［140］Barbara A. The influence of litigation risk and internal audit source on reliance decisions［J］．Advances in Accounting，incorporating Advances in International Accounting，2010，26（2）：170 - 176.

［141］Baskerville R，Hay D. The effect of accounting firm mergers on the market for audit services：New Zealand evidence［J］．Abacus. 2006，42（1）：87 - 104.

［142］Beatty R. Auditor reputation and pricing of Initial public offering［J］．The Accounting Review. 1989，64（4）：693 - 709.

［143］Blouin J，Grein B M，Rountree B R. An analysis of forced auditor change：the case of former arthur andersen clients［J］．The Accounting Review. 2007，82（3）：621 - 650.

［144］Blume L，Voigt S. Does organizational design of supreme audit institutions matter? A cross - country assessment［J］．European Journal of Political Economy，27（2）：215 - 229.

［145］Cahan S F，Emanuel D，Sun J. Are the reputations of the large accounting firms really international? evidence from the Andersen Enron affair［J］．Auditing：A Journal of Practice and Theory. 2009，28（2）：199 - 226.

［146］Carey P，Simnett R. Audit partner tenure and audit quality

[J]. The Accounting Review. 2006, 81 (3): 653 – 676.

[147] Chaney P K, Philipich K L. Shredded reputation: the cost of audit failure [J]. Journal of Accounting Research. 2002, 40 (4): 1221 – 1245.

[148] Choi M S, Zeghal D. The effect of accounting firm mergers on international markets for accounting services – comparison of auditor concentration [J]. Journal of International Accounting. 1999, 8 (1): 1 – 22.

[149] Claudiu B. Risks and audit objectives for IT outsourcing [J]. Informatica Economica Journal, 2010, 14 (1): 113 – 118.

[150] Coase R H. The nature of the firm [J]. Economica, 1937, 4 (16): 386 – 405.

[151] Craig C. Making the most of outsourcing relationships [J]. Patient accounts, 2000, 22 (10): 2 – 3.

[152] Craswell A, Stokes D J, Laughton J. Auditor independence and fee dependence [J]. Journal of Accounting and Economics. 2002, 33 (1): 253 – 275.

[153] DeAngelo L E. Auditor size and audit quality [J]. Journal ofAccounting and Economics, 1981, 3 (3): 183 – 199.

[154] DeFond M L, Francis J R. Audit research after Sarbanes – Oxley [J]. Auditing: A Journal of Practice and Theory. 2005, 24 (1): 5 – 30.

[155] Dennis C, Diane J, James K. Internal auditoutsourcing: an analysis of self – regulation by the accounting profession [J]. Research in Accounting Regulation, 2007 (19): 3 – 34.

[156] Dennis H C, Michael K. Outsourcing and audit risk for internal audit services [J]. Contemporary Accounting Research, 2000,

17 (3): 384 -428.

[157] Drake P R, Davies B M. Home care outsourcing strategy [J]. Journal of Health, Organization and Management, 2006, 20 (2 - 3): 175 - 193.

[158] Dye R A. Auditing standards, legal liability, and auditor wealth [J]. Journal of political Economy, 1993, 101 (5): 887 -914.

[159] Ferraz C, Finan F. Electoral accountability and corruption: Evidence from the audits of local government [J]. American Economic Review, 2011, 101 (4): 1274 - 1311.

[160] Ferraz C, Finan F. Exposing corrupt politicians: The effect of Brazil's publicly released audits on electoral outcomes [J]. Quarterly Journal of Economics, 2008, 123 (2): 703 - 745.

[161] Frost C. Outsourcing or increasing risks? [J]. Balance Sheet, 2000, 8 (2): 34 - 37.

[162] Galanis A, Woodward D G. Agreek perspective on the decision to outsource or retain the internal audit function [J]. Journal of Applied Accounting Research, 2006, 8 (1): 1 - 71.

[163] Georges S, Aristodemos Y. Outsourcing theinternal audit function: a survey of the UK public and private sectors [J]. International Journal of Auditing, 2000, 4 (3): 213 - 226.

[164] Gong T. Audit for accountability in China: An incomplete mission [J]. The Australian Journal of Public Administration, 2009, 68 (1): 5 - 16.

[165] Haken H. Synergetics: An Introduction [M]. Berlin: Springer - Verlag, 1977.

[166] Hood C. A public management for all seasons? [J]. Public Administration, 1991, 69 (1): 3 - 19.

[167] Hunt A K, Lulseged A. Client importance and non - big 5 auditors' reporting decisions [J]. Journal of Accounting and Public Policy, 2007, 26 (2): 212 -248.

[168] Ivancevich S H, Zardkoohi A. An exploratory analysis of the 1989 accounting firm mergers [J]. Accounting Horizons. 2000 (11): 389 -410.

[169] Iyer V M, Iyer G S. Effect of Big 8 mergers on audit fess: Evidence from the United Kingdom [J]. Auditing: a journal of practice and theory. 1996, 15 (2): 123 -132.

[170] Jenny G. A comparison of internal audit in the private and public sectors [J]. Managerial Auditing Journal, 2004, 19 (5): 640 -650.

[171] Jensen M C, Meckling W H. Theory of the Firm: managerial behavior, agency costs and ownership structure [J]. Journal of Financial Economics. 1976, 4 (3): 305 -360.

[172] Jensen M C, Mecling W H. Can the corporation survive? [J]. Social Science Electronic Publishing, 1987 (1): 27 -64.

[173] Johnson L E, Davies S P, Freeman R J. The effect of seasonal variations in auditor workload on local government audit fees and audit delay [J]. Journal of Accounting and Public Policy, 2002, 21 (4): 395 -422.

[174] Karen V P, Jiang L. Internal audit outsourcing practice and rationales: SME evidence from New Zealand [J]. Asian Review of Accounting, 2008, 16 (3): 219 -245.

[175] Keerasuntonpong P, Dunstan K, Khanna B. Factors influencing disclosures of statements of service performance of New Zealand local authorities [J]. Pacific Accounting Review, 2015, 27 (3):

304 - 328.

[176] Liu J, Lin B. Government auditing and corruption control: Evidence from China's provincial panel data [J]. China Journal of Accounting Research, 2012, 5 (2): 63 - 186.

[177] Lois M, Jenny S. External auditors' reliance on internal audit: the impact of sourcing arrangements and consulting activities [J]. Accounting and Finance, 2010, 50 (2) 371 - 387.

[178] Ma H, Wang C. On quality control of settlement audit and outsourcing [J]. Applied Mechanics and Materials, 2014 (556): 6583 - 6586.

[179] McMeeking K P. Competition in the UK accounting services market [J]. Managerial Auditing Journal. 2007, 22 (2): 197 - 217.

[180] Melo M A, Pereira C, Figueiredo C M. Political and institutional checks on corruption—explaining the performance of Brazilian audit institutions [J]. Comparative Political Studies, 2009, 42 (9): 1217 - 1244.

[181] Michael E, Bradbury. Large audit firm premium and audit specialisation in the public sector [J]. Accountingand Finance, 2017, 57 (3): 657 - 679.

[182] Min H. Outsourcing freight bill auditing and payment services [J]. International Journal of Logistics Research and Applications, 2002, 5 (2): 197 - 211.

[183] Numata S, Takeda F. Stock market reactions to audit failure in Japan: the case of Kanebo and Chuo Aoyama [J]. The International Journal of Accounting. 2010, 45 (1): 175 - 199.

[184] Olken B A. Monitoring Corruption: evidence from a field experiment in Indonesia [J]. Journal of Political Economy, 2007,

115 (2): 200 - 249.

[185] Pereira C, Melo MA, Figueiredo C M. The corruption enhancing role of reelection incentives: Counter - intuitive evidence from Brazil's audit reports [J]. Political Research Quarterly, 2009, 62 (4): 731 - 744.

[186] Peter C, Nava S, Karin C W C. Internal audit outsourcing in Australia [J]. Accountingand Finance, 2006, 46 (1): 11 - 30.

[187] Pong C K M, Burnett S. The implications of merger of market share, audit pricing and non - audit fee income: The case of Price Waterhouse Coopers [J]. Managerial Auditing Journal. 2006, 21 (1): 7 - 22.

[188] Prawitt D F, Sharp N Y, Wood D A. Internal audit outsourcing and the risk of misleading or fraudulent financial reporting: did Sarbanes - Oxley get it wrong? [J]. Contemporary Accounting Research, 2012, 29 (4): 1109 - 1136.

[189] Pun H, Sebastian H H. Outsourcing to suppliers with unknown capabilities [J]. European Journal of Operational Research, 2014, 234 (1): 108 - 118.

[190] Rafael D T, Ernesto S. The role of wages and auditing during a crackdown on corruption in the city of Buenos Aires [J]. Journal of Law and Economics, 2003, 46 (1): 269 - 292.

[191] Raman K K, Wilson E R. Governmental audit procurement practices and seasoned bond prices [J]. The Accounting Review, 1994, 69 (4): 517 - 538.

[192] Reynolds J K, Francis J R. Does size matter? The influence of large clients on office - level auditor reporting decisions [J]. Journal of Accounting and Economics. 2001, 30 (1): 375 - 400.

[193] Robert W R. Outsourcing the internal audit function [J]. Journal of Corporate Accountingand Finance, 1996, 8 (1): 91-95.

[194] Saito Y, Mcintosh C S. The economic value of auditing and its effectiveness in public school operations [J]. Contemporary Accounting Research, 2010, 27 (2): 639-667.

[195] Sarens G, Lamboglia R. The (mis) fit between the profile of internal auditors and internal audit activities [J]. Accounting and Business Research, 2014, 44 (1): 41-62.

[196] Schelker M, Eichenberger R. Auditors and fiscal policy: Empirical evidence on a little big institution [J]. Journal of Comparative Economics, 2010, 38 (4): 357-380.

[197] Shead B. From accounting to accountability: a centenary history of the Australian national audit office [J]. Australian Journal of Public Administration, 2002, 61 (3): 120-121.

[198] Suleiman D M, Dandago K I. The extent of internal audit functions outsourcing by Nigerian deposit money banks [J]. Procedia-Social and Behavioral Sciences, 2014 (164): 222-229.

[199] Tatiana M, Stefano A, Luca F. Auditing ofinformation technology controls in outsourcing [J]. Managerial Auditing Journal, 2014, 29 (9): 837-862.

[200] Thomas A G, Michele C M. Outsourcing: an operational auditing perspective [J]. Managerial Auditing Journal, 1997, 12 (3): 116-122.

[201] Vining A, Globerman S A. A conceptual framework for understanding the outsourcing decision [J]. European Management Journal, 1999, 17 (6): 645-654.

[202] Wang Y Y, Yu L S, Zhao Y P. The association between

audit – partner quality and engagement quality: evidence from financial report misstatements [J]. Auditing: A Journal of Practice and Theory. 2015, 34 (3): 81 – 111.

[203] Ward D D, Elder R, Kattelus S C. Further evidence on the determinants of municipal audit fees [J]. The Accounting Review, 1994, 69 (2): 399 – 411.

[204] Wei J, Zhang R, Liu J, Li J, Niu X, Yao Y. Dynamic data integrity auditing for secure outsourcing in the cloud [J]. Concurrency and Computation: Practice and Experience, 2017, 29 (12): 626 – 634.

[205] Williamson O E. The modern corporation: origins, evolution, attributes [J]. Journal of Economic Literature, 1981, 19 (4): 1537 – 1568.

[206] Williamson O E. Transaction – cost economics: the governance of contractual relations [J]. Journal of Law and Economics, 1975, 22 (2): 230 – 256.

[207] Xiao J Z, Yang S, Zhang X, Michael F. Institutionalarrangements and government audit independence in China [J]. A Journal of Accounting, Finance and Business Studies, 2016, 52 (3): 532 – 567.

[208] Yan Z, Hu H, Ahn G, Stephen S Y. Efficient audit service outsourcing for data integrity in clouds [J]. The Journal of Systemsand Software, 2012, 85 (5): 1083 – 1095.